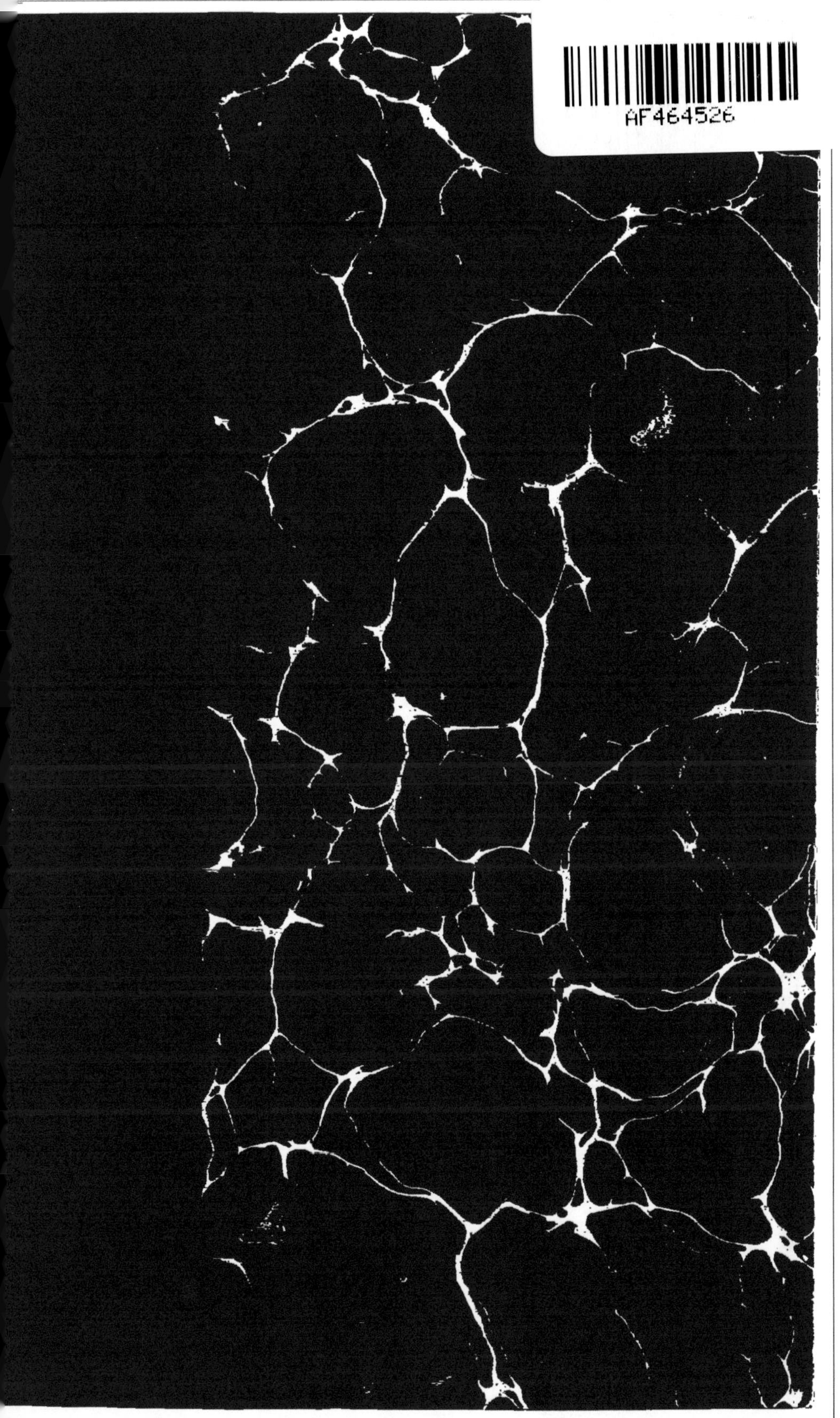
AF464526

LAURENCHET 1977

I

HISTOIRE
ANCIENNE,
OU
PREMIÈRE PARTIE
DE
L'HISTOIRE
DES HOMMES.

BIBLIOTHEQUE ROYALE

3847

11652

HISTOIRE DES HOMMES,

OU

HISTOIRE *NOUVELLE* DE TOUS LES PEUPLES DU MONDE,

PARTIE DE L'HISTOIRE ANCIENNE.

TOME XXVII.

A PARIS,

M. DCC. LXXXIV.

Avec Approbation & Privilége du Roi.

Italiam, Italiam. . . . . . . Æneid.

ENFIN, je touche au terme de ma carriere, & le tableau de l'ancienne Rome va compléter la partie la plus brillante de l'Hiſtoire des Hommes.

Peut-être aurait-on pu dire que l'Hiſtoire de l'Antiquité eſt ſeule l'Hiſtoire des Hommes par excellence. Car depuis la chute de l'Empire d'Occident; c'eſt-à-dire, depuis que des barbares ont fondé les Trônes de l'Europe, & que les Annales des Nations ſe réduiſent à la vie iſolée des Souverains qui les gouvernent, l'homme ne ſemble plus pouvoir être deſſiné avec avantage; il a perdu cette taille de ſix pieds, avec laquelle le voyait notre fameux Bouchardon, quand il liſait Homere ou Tacite.

Si dans l'intervalle qui s'eſt écoulé entre Auguſtule, le dernier des Céſars de l'ancienne Rome, & Montagne ou Deſcartes, les premiers de nos Philoſophes, on a vu çà & là quelques perſonnages à grand caractère : comme ils ſe trouvaient, pour ainſi dire, ſeuls au milieu de leur ſiècle, à peine ont-ils influé ſur lui ; c'étaient des Héros de l'antiquité tranſportés dans le monde moderne, & qui lui ſemblaient étrangers. On regrette qu'un Bayard ou un Dugueſclin n'aient pas combattu, avec Théſée, les monſtres du Péloponèſe, que Charlemagne n'ait pas diſputé à Alexandre le Trône de la Perſe, & que le vertueux Coligny n'ait pas bu la cigüe à côté de Socrate.

Si l'homme moderne peut lutter,

avec quelqu'avantage, avec l'homme de l'antiquité, c'eſt depuis l'avènement de la Philoſophie en Europe; Montagne, Deſcartes, à cette époque, ont ſecoué l'eſprit humain & lui ont fait prendre un eſſor, dont l'orgueil Grec & Romain ne l'aurait pas cru ſuſceptible. Comme la découverte de l'Imprimerie, faite pour éterniſer nos connaiſſances, la Phyſique & les Arts, à quelque hauteur qu'ils ſoient élevés, ne ſauraient plus deſcendre, il faut conſidérer cette régénération de l'eſprit humain, comme une des révolutions les plus brillantes qui ſe ſoient opérées ſur notre globe révolution bien plus digne d'occuper les pinceaux de l'Hiſtoire, que les ſecouſſes convulſives qu'une ambition, à la fois puérile & ſanglante, a fait ſubir aux Trônes mobiles de Memphis, de Babylone & d'Ecbatane.

D'après cette chaîne d'idées, voici comment j'envisagerais l'architecture générale de l'Hiſtoire des Hommes.

Les Anciens étant les hommes par excellence, ont dû être deſſinés ſous tous les points de vue; c'eſt ce qui nous a engagés à mettre en ſcène, tonr à tour, tous les Peuples depuis l'Atlante du monde primitif, juſqu'à la chûte de l'Empire Romain ſous Auguſtule.

Cette chute de l'Empire d'Occident, eſt la vraie ligne de démarcation qui ſépare le monde des Anciens du monde des Modernes.

Ainſi quand ces Annales de Rome, depuis Romulus juſqu'à Auguſtule, ſeront terminées, nous aurons donné une Hiſtoire complette, & j'oſe dire neuve, de toute l'Antiquité.

Il exiſte, outre cela, deux Peuples, dont l'Hiſtoire ne ſaurait être morcelée, ſoit parce qu'il s'y rencontre ſouvent des hommes, ſoit parce que relativement au temps où ils ont paru avec diſtinction ſur le globe, ils tiennent à la fois aux annales modernes & à celles de l'antiquité.

L'un eſt ce Peuple moitié Grec & moitié Romain, qui, au commencement du quatrième ſiècle de l'ère vulgaire, vint démembrer l'Empite des Céſars, & faire de l'antique Byzance une rivale de Rome. La nouvelle Monarchie qu'il fonda s'appelle dans la langue barbare de nos Hiſtoriens vulgaires, *le Bas-Empire*, & dans la nôtre, *l'Empire Grec*. Son Hiſtoire renferme un intervalle de onze ſiècles & demi, depuis le couronnement de Conſtantin, juſqu'à ce que Mahomet II fit paſſer Conſtantinople ſous le joug des Muſulmans.

L'autre Empire, digne de figurer tout entier dans une Hiſtoire des Hommes, eſt celui de ces Chinois, le ſeul des Peuples des deux Continens qui ait conſervé ſon trône, ſes mœurs & ſes loix, depuis le monde primitif juſqu'à nous ; le ſeul qui, placé par la Nature aux portes du monde, pour voir ſes révolutions ſans les partager ; qui, ayant créé ſon pays, pour ne point rendre ſa nombreuſe population inutile, & ſe trouvant environné de toutes les productions, ſoit de premier beſoin, ſoit de luxe, pour ſe ſuffire à lui-même, ne craigne point la deſtruction lente du temps; & après avoir, pour ainſi dire, aſſiſté à l'organiſation du globe, puiſſe ſe promettre d'être témoin de ſa décadence.

Après avoir tracé en grand les annales de l'antiquité & celles des deux Empires de Conſtantinople & de la Chine, qui ſervent de ligne intermédiaire entre le monde ancien & le monde moderne, il ſerait néceſſaire, comme nous l'avons vu, de changer la marche de l'hiſtoire des hommes.

Il n'y a point de Puiſſances dans les deux continens, qui méritent une hiſtoire ſuivie, avant le ſeizième ſiècle; cependant malgré la barbarie des noms de leurs héros, malgré celle de leurs mœurs & de leurs uſages, une ſorte de curioſité naturelle porte à chercher à les connaître : nous voulons étudier les titres de notre généalogie, quoique deſtinés à nous faire rougir, & voir comment nos premiers ancêtres étant des tigres ou des orang-outangs, nous ſommes devenus des hommes.

Pour remplir cet objet, ſans s'enfoncer dans les landes de l'hiſtoire du moyen âge, il faut faire marcher de front les annales de tous les Peuples du globe, ne s'arrêtant que ſur les époques connues, ne crayonnant que les faits dignes de nos regards, & ſortant ſans ceſſe de l'enceinte d'une chronologie minutieuſe, pour donner plus de jeu à la phyſionomie des Héros qu'on croit deſtinés à l'immortalité.

Cette manière de traiter l'hiſtoire

moderne, la ſeule que l'homme de goût puiſſe admettre, quand il travaille pour ſa gloire & pour l'utilité de ſes contemporains, n'a point échappé à l'œil clairvoyant de nos grands Maîtres. L'Abbé de Condillac, le Polybe de notre nation, l'a admiſe dans ſon fameux *Cours d'étude*, & le grand homme que la terre & non la France vient de perdre, dans *l'Eſſai ſur les mœurs*, qui conſtitue ſon *Hiſtoire générale*; je les ai vus tous les deux ſourire de dédain, quand on leur promettait de ſe faire lire, en traitant à part les annales de tous les Peuples modernes, pour qu'il en réſultât une hiſtoire univerſelle.

Il ne s'agit pas ici de refaire ces deux chefs d'œuvres, mais de choiſir celui qui ſe concilie le mieux avec notre plan général. L'ouvrage de l'instituteur de l'Infant de Parme paraissant fait uniquement pour les Rois & pour les Hommes d'état ; je pencherais à admettre l'Essai sur les mœurs, comme étant d'une utilité plus propre à être ressentie par toutes les classes de Lecteurs.

Cependant il faut l'avouer, ce dernier morceau d'histoire, quoique plein de chaleur & de vie, quoiqu'écrit avec cette supériorité qui caractérise tous les ouvrages émanés d'une pareille plume, ne nous semble pas assez nourri de faits ; son illustre Auteur oubliant de temps en temps que tout Historien doit être cosmopolite, abandonne trop aisément l'Asie, le Nouveau Monde, & quelquefois même les Peuples du Nord de l'Europe, pour s'occuper de nos petites diſſentions, de nos Héros ſubalternes, & de notre abſurde intolérance; ajoutons que ſon pinceau fatigué laiſſe ſouvent de grands vuides ſans les remplir; & à cet égard, il faut peut-être s'en prendre à l'aride monotonie des annales du moyen âge, plutôt qu'au génie du grand homme qui a tenté de la faire diſparaître.

L'Auteur immortel de l'Hiſtoire générale faiſait ſon ouvrage & non le nôtre : ainſi, ſans s'appeſantir ſur ſes oublis, on pourrait tenter d'y ſuppléer, en donnant une vie rapide, mais ſubſtantielle de tous les Héros des temps modernes, depuis notre Charlemagne, juſqu'à Nadir, le vainqueur de l'Indoſtan. Cette nouvelle manière de remplir les vuides de l'Hiſtoire moderne, y jetterait de la variété; & qu'on ne dise pas que le ton de ces vies privées de Héros trancherait trop avec celui de l'Histoire générale qui les précéde. Le passage de l'un à l'autre est plus insensible qu'on ne pense ; il n'y a point d'homme de goût qui n'aime à surprendre, pour ainsi dire en déshabillé, le grand homme qu'il vient de voir, remuant avec son génie, les Empires. Il n'y en a point qui ne lise son Plutarque, immédiatement après avoir achevé la lecture de son Diodore.

Le plan général de l'Histoire des Hommes ainsi dessiné, il reste à ajouter le faîte à l'édifice.

Le monde, dans le moyen âge, avait paru ramené à son ancienne barbarie ; l'esprit humain, plongé alors dans une longue léthargie, ne ſe réveillait qu'au bruit des maſſacres, ordonnés par le deſpotiſme ou par l'intolérance. La raiſon vint enfin vers le temps de Montagne, eſcortée de la Phyſique & des Arts, tirer l'Europe de ſon engourdiſſement, l'éclairer ſur les vrais rapports des grandes Sociétés, lier par une chaîne inſenſible le bonheur des Peuples à celui des Rois, apprendre à l'être qui penſe qu'il eſt le Légiſtateur-né des Nations, le conſoler par la reconnaiſſance des générations futures, de l'ingratitude de ſes Contemporains ; & tandis que les Trônes s'écroulent autour de lui, le maintenir debout, au milieu des ruines de tout ce qui l'environne. Cette belle époque, qui renferme l'Hiſtoire de la marche lente & graduée de la raiſon ſur le globe, dont la découverte de l'Imprimerie lui assure l'empire, demande à être crayonnée par la main du Philosophe. Si un Diodore a tracé l'architecture générale des temps modernes; si un Plutarque en a suppléé les vuides par des colonnes isolées, c'est à Platon à faire le couronnement de l'édifice.

Ce Platon s'est trouvé. Un des Savans les plus distingués dont notre Nation s'honore, travaille en ce moment à l'Histoire Philosophique des progrès de la raison en Europe; & quand l'Ouvrage sera terminé, on pourra le regarder comme le complément de l'Histoire des Hommes.

Après avoir ainsi motivé le plan d'une Histoire des Hommes, qui renferme tous les âges, voici, en peu de lignes, le tableau des Ouvrages qui entrent dans sa composition.

L'HISTOIRE COMPLETTE DE L'ANTIQUITÉ, ou l'Histoire des Hommes par excellence. Elle renferme les Annales particulières de tous les Peuples à grand caractère ; c'est-à-dire, des *Atlantes* du monde primitif, des *Assyriens*, des *Perses* ; des *Phéniciens*, des *Egyptiens*, des *Carthaginois*, des *Grecs* & des *Romains* (*a*).

L'HISTOIRE DE L'EMPIRE GREC

(*a*) On ne voit point dans cette énumération le *Peuple de Dieu* ; mais son Histoire est dans la Bible, qu'il ne faut ni commenter, ni soumettre à l'analyse.

De même, dans le monde moderne, on ne voit point figurer les Annales de l'Eglise ; mais c'est parce qu'il y aurait de la témérité à refaire l'Ouvrage célèbre de l'Abbé Fleury.

DE CONSTANTINOPLE, qui ſert d'intermède entre l'Hiſtoire de l'Antiquité & celle des temps modernes.

L'HISTOIRR DE LA CHINE, ancienne & moderne, qui ne tient par aucun fil à l'Hiſtoire générale du reſte du globe.

L'HISTOIRE GÉNÉRALE de tous les Peuples, ſoit du moyen âge, ſoit des temps modernes; qui comprend tout ce que l'homme de goût déſire ſavoir de leurs mœurs, de leurs loix & de leurs révolutions.

L'HISTOIRE PARTICULIÈRE des Hommes célèbres, depuis Charlemagne; deſtinée à ſuppléer aux vuides de l'Hiſtoire générale.

Enfin, L'HISTOIRE PHILOSOPHIQUE des progrès de la raiſon en Europe.

Tel eſt le tableau général de l'Hiſtoire des hommes (*a*) : on voit par-là, d'un coup d'œil, les pas que nous avons faits & ceux qui nous restent à faire, pour achever notre carrière.

L'Histoire de l'ancienne Rome que nous présentons aujourd'hui, renferme celle d'une foule de petits Peuples, qui n'ont eu d'existence qu'au moment de leur conquête, & complette le corps de nos connaissances sur l'antiquité.

Rome, dans cette histoire, est considérée sous trois points de vue successifs, qui aideront à classer les

---

(*a*) Ce tableau n'avait point encore été présenté sous ce point de vue ; mais il est le fruit des dernières recherches de l'Auteur de l'Histoire complette de l'Antiquité, de ses lentes combinaisons, pour élever un monument national & des conseils qu'il a demandés à tous les hommes éclairés de l'Europe. — *Note des Éditeurs.*

faits dans la tête de l'obſervateur: nous peindrons d'abord ROME SOUS LES ROIS; enſuite nous arrêterons nos regards ſur ROME RÉPUBLIQUE, & nous finirons par le tableau de ROME SOUS LES CÉSARS, ou de L'EMPIRE ROMAIN, ce qui nous conduira à la chute de l'Empire d'Occident ſous Auguſtule.

Quant à la partie moderne, nous jouiſſons de l'Hiſtoire générale, & nous jouirons bientôt de l'Hiſtoire Philoſophique de la raiſon; il ne nous reſtera donc plus, pour acquitter la dette que nous avons contractée envers la patrie, que de donner les annales, ſoit de l'Empire Grec, ſoit de celui de la Chine, & de couronner notre travail, par la vie privée des grands hommes des deux Mondes, depuis Charlemagne.

Ces trois derniers ouvrages paraîtront ſans doute, & quoiqu'il ſoit difficile d'en fixer l'époque préciſe, un ſentiment intérieur m'annonce qu'elle eſt plus prochaine qu'on ne penſe; car malgré les obſtacles ſans nombre qu'on a fait naître pour enchaîner ma plume, rien n'a pu juſqu'ici arrêter ſon eſſor; les contradictions mêmes qui d'ordinaire aigriſſent une ame honnête & ſenſible, n'ont ſervi qu'à élever mon courage.

Et il fallait, ſans doute, que j'euſſe quelques étincelles de cet enthouſiaſme, ſans lequel rien de grand ne s'opere, pour exécuter preſque ſeul, une Hiſtoire univerſelle, dont le modèle n'exiſtait pas encore; non que j'imagine avoir ouvert & fermé la carrière, car l'enthouſiaſme ne ſupplée pas à l'abſence du génie : mais le bonheur avec lequel j'ai triomphé de l'hydre toujours renaiſſant des contradictions, m'annonce que l'Hiſtoire des hommes manquait à mes contemporains, & que malgré la faibleſſe de ſon exécution, elle vivra, juſqu'à ce qu'il ſe rencontre un Écrivain ſupérieur, qui, Tacite & Plutarque à la fois, la refaſſe pour la faire oublier.

J'ai eu à combatre le froid avec lequel le Public accueille tout ouvrage dont il ne voit pas le terme ; les cabales ſecretes, mais puiſſantes, des gens de l'art, ſoit architectes, ſoit manœuvres, qui voudraient anéantir tout monument qu'ils n'ont point érigé ; les clameurs de l'homme qui vit des penſées des autres ; le ſilence, plus perfide encore, des dispensateurs de la renommée : il n'en fallait pas tant pour tuer à sa naissance un ouvrage éphémère qui n'aurait laissé de traces, que par les éloges oiseux des papiers publics chargés d'en faire l'analyse.

Cependant il faut être juste, notre siécle n'est ni celui d'Homère, ni celui de Milton : tout ouvrage dont le but moral est très-marqué, quoiqu'il n'appartienne à aucune secte, perce, malgré la confédération générale qui cherche à l'étouffer. Le livre qu'on a lu, & auquel ont souri le génie ou la vertu, devient tôt ou tard un livre national, & son Auteur n'entre pas dans le tombeau sans avoir joui de sa gloire.

J'ignore quel sera le sort de l'Histoire des Hommes; mais son but moral a été senti vivement dans toutes les grandes Villes de l'Europe : on l'y a accueillie avec distinction, on l'a traduite dans les langues étrangères, & elle a reçu les suffrages les plus flatteurs de tout ce qui ne tenait ni aux rivalités odieuses, ni aux sectes exclusives de la Capitale.

Voici la sixième année que cette vaste entreprise se continue. Pendant ce long intervalle, nous n'avons pas éprouvé une seule désertion humiliante. Aucun de nos Lecteurs ne nous a abandonnés que par la mort.

Pendant que nous voyons tomber autour de nous des Histoires Universelles, que tout le monde préconise & que personne ne lit ; l'Histoire des Hommes, que personne ne préconiſe, mais qu'on a la bonté de lire, acquiert de jour en jour une nouvelle conſiſtance. Etre lû, voilà en général la pierre de touche qui caractériſe tout Ouvrage, (nous ne parlons pas ici du nôtre), fait pour reſter, & qui le diſtingue eſſentiellement, ſoit de ceux qui n'ont que l'exiſtence que leur donnent les Journaux, ſoit de ceux que notre admiration de préjugé confine reſpectueuſement dans nos Bibliothèques.

On nous pardonnera ſans doute cette eſpèce d'égoïſme, qui conſiſte à entretenir l'Europe du ſort de ſon Ouvrage. Il eſt ſi naturel à un arbre qu'on tient, avec effort, comprimé vers la terre, de ſe redreſſer, quand il trouve occaſion de reprendre ſon reſſort ! J'ajoute que nous devions à cette partie respectable du Public, qui, sur la simple lecture de l'Histoire des Hommes, la juge en silence, de l'éclairer sur l'oubli des Dispensateurs de la Renommée, & de lui laisser entrevoir qu'un Livre qu'aucune Secte ne protège, peut n'être pas tout-à-fait indigne de sa confiance.

HISTOIRE

DES HOMMES

SOUS LA DOMINATION ROMAINE,

OU

HISTOIRE

DE L'ANCIENNE ROME.

PREMIÈRE PARTIE.

ROME SOUS LES ROIS.

Si Rome seule devait occuper nos regards, laissant derrière nous tout ce qui est étranger à cette capitale du monde, nous commencerions ses annales au règne de Romulus; mais nous étant proposé d'écrire l'Hiſtoire des Hommes ſous la domination Romaine, notre plan, devenu plus vaſte, nous oblige à changer notre marche. Il faut examiner ce qu'était l'Italie avant qu'un brigand heureux vînt y poſer les fondemens de la Monarchie univerſelle ; il faut jetter un coup-d'œil rapide ſur les révolutions phyſiques que cette partie du globe a eſſuyées, ſuivre à la trace la marche ſucceſſive des colonies qui ſont venues l'habiter, établir quelques conjectures ſur les Souverains de l'antique Latium, & delà venir à l'hiſtoire des Rois d'Albe, parmi leſquels eſt né le Fondateur de Rome.

Il eſt vrai que tout ce champ hiſtorique étant couvert de landes, qui ſouvent ne valent pas la peine d'être défrichées, nous ne mettrons à le parcourir que le temps néceſſaire pour faire preſſentir l'enſemble de nos vues ſur l'architecture générale du globe, & ſur les rapports qui lient entre elles toutes les branches de la grande famille des hommes.

Se contenter d'indiquer ce qui n'eſt que curieux, & s'étendre ſur ce qui eſt d'une utilité générale, voilà ce qui doit être la baſe de toute hiſtoire univerſelle écrite pour un peuple Philoſophe.

DE LA SITUATION DE L'ITALIE, ET DES RÉVOLUTIONS PHYSIQUES QU'ELLE A ESSUYÉES.

L'ITALIE, une des régions les plus riantes & les plus fertiles de ce continent, eſt ſituée entre les 23 & 36 degrés de longitude, & entre les 37 & 46 de latitude ſeptentrionale (*a*); la Nature a tout fait pour la rendre indépendante, en l'iſolant preſque entiérement au milieu de l'Europe, & en lui donnant pour remparts les Alpes & la mer.

A portée, par ſa ſituation, des trois principales parties du monde, il ne tien-

(*a*) Sa longitude préciſe commence à l'oueſt ſous le 23 degré 15 minutes, & s'étend, dans la partie ſeptentrionale, juſqu'au 31 degré 15 minutes; la partie méridionale s'avance au ſud-eſt juſqu'au 36 degré 12 minutes.

Pour la latitude, elle eſt depuis le 37 degré 40 minutes, juſqu'au 46 degré 40 minutes.

drait encore qu'à elle de les lier par le commerce, & d'amener dans son sein l'opulence de la Hollande & l'indépendance de la Grande-Bretagne.

Le ciel avait d'avance pourvu au bonheur de ses habitans, en lui procurant un sol naturellement fertile, arrosé par les eaux fécondantes du Pô, de l'Adige, du Tibre & de l'Arno. Le bled, les fruits, & toutes les productions dont l'homme en société s'est fait un besoin, y naissent avec la plus légère culture. Il y a même des plaines, sur-tout sur les bords des fleuves qui jouissent d'un printemps presqu'éternel, où les fleurs se développent à côté de celles qui se dessèchent, où la volupté semble s'insinuer avec l'air aromatique qu'on respire : contrées heureuses, que des Poëtes sensibles, comme Virgile & Pétrarque, pouvaient regarder comme le berceau de la Nature.

Quelque séduisant que soit ce tableau, il faut avouer cependant qu'il est plus fait pour l'ancienne Italie que pour la moderne : plusieurs causes physiques & morales ont concouru à dégrader un climat que l'Indien même, né sur les bords du Gange, & l'insulaire d'Otahiti, n'auraient regardé qu'avec enthousiasme.

D'abord l'atmosphère de Rome, dans le temps de la République, n'était point chargé de ces exhalaisons fétides, qui en font aujourd'hui, durant l'été, le tombeau des étrangers, & que les Italiens ne supportent qu'en s'y accoutumant par degrés, comme Mithridate s'accoutumait au poison. Cette révolution, du côté de la capitale, doit s'attribuer en partie à la négligence avec laquelle on a entretenu les voûtes de cette Rome souterraine, dont les canaux, pendant tant de siècles, furent perpétuellement arrosés par les eaux de quinze aqueducs, ouvrage aussi étonnant & mille fois plus utile que les pyramides célèbres de l'Egypte ; & qui, dès le temps de Tarquin, pouvait donner une idée de la métropole du monde.

La diminution étonnante de la population a entraîné auſſi le dépériſſement de la culture. Ces collines du Latium, ſi vantées par Strabon (*a*); ces campagnes riantes de Tibur, qu'Horace a immortaliſées (*b*); ces plaines fortunées de Tuſculum, dont le Démoſthène de Rome avait fait ſon aſyle (*c*), aujourd'hui couvertes preſque par-tout d'un ſable brûlant & aride, n'offrent plus de traces de leur ancienne beauté, que par les ruines des édifices de Mécène & d'Agrippa, & par les vers des Poëtès du ſiècle d'Auguſte.

Il ne faut pas douter auſſi que le peu d'attention qu'on apporte au deſſéchement des marais fangeux d'Oſtie & de l'Ofantè, en multipliant les maladies endémiques, n'ait fait de la Rome des Papes, une ville totalement différente de celle de Romulus & des Céſars.

(*a*) *Omne Latium felix eſt & omnium rerum ferax.* — Ce ſont les expreſſions de ce Géographe.

(*b*) Voyez ſur-tout lib. 1, epiſt. 7.

(*c*) *Cicer.* Tuſculan. lib. 1.

A ces causes morales se sont jointes des causes physiques dont il ne faut point accuser la dégradation de l'esprit humain en Italie ; on a observé de nouvelles mines de soufre, d'arsénic & d'alun, dont les exhalaisons s'échappant au travers de la légère enveloppe qui les couvre, rendent dans certaines saisons l'air mortel* aux malheureux qui le respirent.

L'Italie, en différens temps, a éprouvé des révolutions physiques qu'attestent à la fois les Historiens & les Naturalistes ; d'affreux tremblemens de terre ont déchiré & bouleversé le Latium ; le Vésuve & l'Etna, dans leurs éruptions, ont enseveli sous des laves brûlantes des villes entières ; la mer, en se soulevant, a submergé des provinces & séparé des régions que la politique sociale avait réunies.

Il faut que les secousses violentes que l'Italie a essuyées y aient causé un étrange bouleversement, puisqu'on s'en apperçoit même dans la Lombardie, région également éloignée de la mer & des volcans.

En creusant de nos jours dans le territoire de Modène, on a trouvé, à la profondeur de soixante-cinq pieds, d'abord divers lits d'une terre féconde, chargée d'arbres, dont on distingue encore les tiges, les feuilles & les noyaux; ce qui annonce un sol originairement cultivé. Au dessus de ces couches, s'étend une terre mêlée de coquillages; ce qui atteste dans la saine physique, l'époque tant annoncée dans notre histoire du monde primitif, où cette région était couverte des eaux de la mer. Enfin, au dessus de tous ces lits différens, on a rencontré une quantité prodigieuse de ruines, qui annoncent l'existence d'une ville, dont aucun Ecrivain n'a fait mention, & qui subsistait peut-être, avant que les hommes laissent écrire leur histoire (*a*).

Une des plus étonnantes révolutions

(*a*) Ce fait important est consigné dans un manuscrit du Comte de Boulainvilliers, qui a pour titre *Histoire Universelle*.

physiques dont l'Italie ait été le théatre, est l'irruption soudaine de la mer, qui a arraché la Sicile du continent (*a*). Ces événemens terribles ne sont pas rares dans l'histoire de la terre. Pour peu qu'on étudie en grand le livre de la Nature, on s'apperçoit que la mer, par son poids immense & par son balancement destructeur, a plus d'une fois dérangé l'organisation du globe ; il est aujourd'hui démontré qu'il fut un temps où la France tenait à la Grande-Bretagne, & l'Espagne à l'Afrique ; peut-être même que le Nouveau Monde a été originairement lié à l'Asie par le Kamchatka (*b*) ; le seul effort des eaux de la mer suffit pour déchirer la terre & séparer violemment les hommes que

---

(*a*) Eustathe sur Denys Pérengète, vers 475, assure, sur la foi de quelques Auteurs anciens, que ce grand évènement arriva après la mort d'Œnotrus.

(*b*) Voyez l'ouvrage du Professeur Russe Krakenninikow, traduit par l'Abbé Chappe, dans le second volume de son voyage de Sibérie.

l'intérêt tend ſans ceſſe à remettre en famille.

L'étude philoſophique de l'architecture générale du globe, conduit à preſſentir une révolution de l'Italie bien plus ancienne encore que celle qui lui enleva la Sicile.

Pour peu qu'à l'appui de l'hiſtoire naturelle & des monumens, on tente de parcourir le monde primitif, on s'apperçoit aiſément que tous ces grands baſſins d'eau qui ſe communiquent, tels que la Méditerranée, le golfe de Veniſe & la mer Noire, ne ſont que les reſtes d'un ancien ſéjour de l'océan ſur cette Europe, qui, des trois parties de notre continent, a dû être la dernière habitée. L'ancienne Sarmatie, le Péloponèſe, l'Archipel de la Grèce, les côtes maritimes de l'Eſpagne & des Gaules, & ſur-tout la grande preſqu'iſle de l'Italie, portent évidemment l'empreinte d'une terre long-temps ſubmergée : & quand les belles expériences que des Gouvernemens éclairés ont fait faire de nos jours ſur les côtes de Suède & de Danemarck, pour connaître la diminution de la mer Baltique, ſe répéteront dans le reſte de l'Europe, il ne ſera pas difficile de calculer l'âge des contrées que baigne la Méditerranée, par la graduation de ſa retraite. Juſqu'à ce moment, la Philoſophie n'entrouve qu'en tremblant le rideau qui lui cache les premiers temps de l'hiſtoire.

Lorſque les mers ont laiſſé à découvert le continent de l'Europe, l'Italie n'a pas dû tarder long-temps à avoir ſa configuration de péninſule : car tandis que l'Océan pénétrait par le détroit de Gibraltar pour former cette partie de la Méditerranée, qui fait effort contre le Latium & l'Etrurie, un autre torrent de la grande mer détourné de ſa route primitive, occupait le lit de ce que nous appellons la mer Rouge, & couvrant l'iſthme de Suèz, ſe prolongeait entre le Picenum & la Dalmatie, pour former le golfe Adriatique : car, comme un Philoſophe l'a très-bien obſervé, la même puiſſance qui a pouſſé les eaux dans les terres à Babel-Mandel, les a fait couler dans la même direction jusqu'aux environs de Veniſe. Si, depuis, l'iſthme de Suèz, qui ſépare aujourd'hui ces deux baſſins, a été deſſéché, il faut l'attribuer, ſoit à la retraite de la Méditerranée, ſoit à la diminution de la mer Rouge.

Au reſte, malgré la juſteſſe de cette théorie générale, comme la géographie de l'âge primitif de l'Italie eſt auſſi conjecturale que ſon hiſtoire, contens d'avoir poſé une première pierre, nous laiſſons aux générations ſuivantes le ſoin d'en ajouter de nouvelles, pour qu'il en réſulte la baſe néceſſaire à toute hiſtoire univerſelle.

GÉOGRAPHIE DE L'ITALIE (a).

L'ITALIE, figurée telle que les mappemondes modernes la repréſentent, eſt une grande péninſule, d'environ 250 lieues aſtronomiques dans ſa plus grande longueur; pour ſa largeur, elle eſt très-inégale : car dans la partie ſeptentrionale, elle en a juſqu'à 144, tandis qu'on ne lui en compte que trente, de l'embouchure de la Sangro juſqu'à celle du Gariglian.

Une maſſe énorme de montagnes ſemble ſervir de barrières à l'Italie du côté du nord & du nord-oueſt; ce ſont les Alpes. Quelques-uns de ſes pics, élevés majeſtueuſement au deſſus de la région

(a) *Strab.* Géograph. Paſſim. *Plin.* Hiſtor. Natur. lib. 3; *Pompon. Mela*, de Situ orb. lib. 2, cap. 4; & parmi les Modernes, *la Géographie* de Buſching, celle de Danville, *la Géographie comparée* de M. Mentelle, & les Mémoires des deux Académies.

des nuages, semblent avoir été jusqu'ici inaccessibles aux hommes. Le Mont-Blanc qui couronne cet amphithéatre de rochers, au rapport de l'homme de l'Europe qui a le mieux calculé avec le baromètre, les distances & les modifications de l'atmosphère ; le Mont-Blanc, dis-je, est élevé de 14346 pieds au-dessus du niveau de la mer (*a*). Il est vrai que le noyau de granit, qui sert de charpente à cette montagne primordiale, a sa tête cachée sous une pyramide de glace de cinq à six cents pieds. Mais le Mont-Blanc n'en est pas moins, avec quelques pics des Cordillères, le point le plus élevé du globe.

Les Anciens avaient distingué, par quatre noms différens, la masse des Alpes. Ils appe laient *Alpes Pennines* & *Alpes*

(*a*) Shuckburg, qui est parti, d'autres données que celles du Savant Duluc, pour résoudre le problême, ajoute encore 336 pieds à cette élévation. Ainsi, suivant le calcul de cet Anglais, le Mont-Blanc aurait 2447 toises ou 14682 pieds au-dessus du niveau de l'Océan.

Grecques, ce que nous appellons aujourd'hui le grand & le petit Saint Bernard; les *Alpes Cottiennes*, plus au ſud, répondent à notre Mont-Genèvre. On connaît les *Alpes maritimes*.

Une autre chaîne de montagnes parcourt l'Italie dans toute ſa longueur, depuis les Alpes maritimes juſqu'à l'extrémité de la Péninſule, où elle n'eſt ſéparée des montagnes de Sicile que par le phare de Meſſine. Cette chaîne eſt celle de l'Appennin.

La forme de la vaſte péninſule que nous avons à décrire, nous oblige à la partager en Italie ſeptentrionale, en Italie méridionale, en Italie du centre ou moyenne Italie, & en Archipel. La ſeconde de ces diviſions (l'Italie méridionale) ne renfermant que la grande Grèce, n'occupera point nos pinceaux; nous l'avons décrite aſſez en détail dans le tome XX (*a*) de cette Hiſtoire des Hommes.

(*a*) C'eſt-à-dire le tome VIII de l'Hiſtoire de la Grèce, page 218.

L'ITALIE SEPTENTRIONALE.-Elle renferme la Gaule Cisalpine, la Ligurie & la Venétie.

La GAULE CISALPINE, ainsi nommée parce qu'elle était pour les Romains en deçà des Alpes, se trouve partagée en deux parties par le Pô (l'ancien Eridan), qui, après avoir reçu dans son sein trente torrens, que Pline appelle des fleuves (*a*), va se jetter dans le golphe Adriatique.

La partie de la Gaule Cisalpine, qui était pour les Romains au-delà du Pô, a pour remparts, du côté de l'ouest & du nord, les Alpes Pennines, Grecques & Cottiennes.

Plusieurs Peuples habitaient les vallées riantes de cette Gaule Italienne, & leurs noms suffisent souvent pour donner des lumières sur leur origine.

(*a*) Les plus considérables de ces torrens sont le *Ticinus*, l'*Addua*, l'*Ollius* & le *Mincius*, aujourd'hui le Tesin, l'Adda, l'Oglio & le Mincio. Le Tesin est célèbre dans l'histoire par une grande victoire d'Annibal.

Les Ségusiens, ainſi appellés de *Segufio* (Suze), leur métropole, devaient à leur vie ſauvage, à leur facilité de ſe retrancher au ſein de leurs montagnes, l'avantage de n'avoir jamais ſubi le joug de Rome République. Un de leurs Rois eut l'imprudence de rechercher l'alliance d'Auguſte; & ſous Néron, les Alliés du peuple Romain en devinrent les eſclaves.

Les Tauriniens donnèrent leur nom à *Taurafia* (Turin), leur capitale, devenue ſous Auguſte *Auguſta Taurinorum.* Polybe les croit Illyriens d'origine; ils ſont Liguriens, ſuivant Pline, Strabon & Tite-Live.

Les Salasses n'avaient pas de grandes villes, avant l'invaſion des Romains. Vers le ſeptième ſiècle de la fondation de Rome, ils furent incorporés avec le Peuple dominateur. Mais s'étant révoltés pluſieurs fois, Auguſte fit enlever la nation entière, au nombre de quarante mille. La fleur de la jeuneſſe des Salaſſes, au nombre de quatre mille, fut réunie aux cohortes prétoriennes, & tout le reste vendu en qualité d'esclaves. Murena, le Ministre de cette barbarie, traça sur le sol où il avait campé, l'emplacement d'*Augusta Pretoria*. C'est l'Aouste moderne, suivant notre usage de défigurer par des noms barbares, toute la Géographie harmonieuse de l'antiquité.

On a très-peu de détails sur les LIBICINS & sur les LÉVIENS, dont *Verceil* & *Novarre* étaient les métropoles.

Les INSUBRIENS sont plus connus. C'était un des Peuples dominateurs de la Gaule Cisalpine. *Côme*, colonie Romaine, patrie de Pline le jeune, était un de leurs chefs-lieux, ainsi que *Ticinum*, bâti sur le Tesin, devenu *Papia* (Pavie) vers la fin du règne de l'Herule Odoacre. *Mediolanum*, notre fameuse ville de Milan, fut long-temps leur capitale.

Les OROBIENS ou habitans des montagnes, étaient Grecs d'origine, comme leur nom paraît l'indiquer. *Bergame* est la seule ville qu'ils bâtirent. Le nom de

Pergame, que lui donne Procope, ferait croire que c'est de l'Asie Mineure que partit, au temps du désastre de Troye, la colonie des Orobiens.

Les CENOMANS sortirent originairement du centre de notre Gaule française; du moins le nom de *Cenomanum*, que porte en latin notre ville du Mans, l'atteste à cette classe de Lecteurs qui juge de l'origine des Peuples par les lumières incertaines de l'étymologie.

Brescia, l'ancienne *Brixia*, était du domaine des Cénomans, ainsi que *Crémone*, brûlée trois fois, sous Auguste, sous Vespasien, & sous la domination des Goths, & qui s'est toujours relevée avec éclat de ses ruines. Mais leur capitale était *Mantoue*, bâtie originairement par les Etruriens; & célèbre à jamais, moins par l'antiquité de sa population & par la magnificence de ses édifices, que parce qu'elle a été la patrie de Virgile.

La Gaule Cisalpine, qui était pour les Romains en deçà du Pô, s'étendait des rives de ce fleuve au ſud, jusqu'au torrent du Rubicon, & au nord jusqu'à la chaîne de l'Appennin.

Trois nations, les ANAMANS, les LINGONS & les BOÏENS, habitaient cette partie de la Gaule Ciſalpine. Il eſt difficile d'aſſigner à chacune d'elles les limites préciſes de leurs poſſeſſions, d'autant plus que c'étaient des Peuples Nomades, qui, juſqu'à l'invaſion des Romains, paraiſſaient vivre de rapines & de brigandages.

Pluſieurs villes cependant furent bâties dans les plaines riantes qui ſont entre le Pô, le Rubicon & l'Apennin. Telle eſt *Céſène*, dont le fameux Eunuque Narsès fut obligé de lever le ſiège, *Faventia*, *Forum Cornelii*, & *Forum Livii*, qui répondent à Faenza, à Imola & à Forli & *Brixellum*, aujourd'hui Brello, qui n'eſt connu dans l'Hiſtoire que par la mort d'Othon.

Spina ne doit point être oubliée dans ce tableau. Cette ville paſſait pour avoir été fondée par des Pelaſges, avant la guerre de Troye. Aujourd'hui ses ruines sont ensevelies sous les eaux du lac Commachio.

Il faut encore moins négliger de citer *Plaisance*, bâtie par les Romains au confluent de la Trébie & du Pô, pour servir de barrière à Annibal; *Parme*, qui n'a joué un rôle que dans nos temps modernes; Modène, l'ancienne *Mutina*; Bologne, l'ancienne *Bononia*; & sur-tout *Ravenne*, fondée par des Thessaliens long-temps avant le siège de Troye. Cette dernière ville, sous Auguste, avait un port capable de contenir une flotte de deux cents cinquante galères. Odoacre, après avoir conquis l'Italie, fit sa résidence dans Ravenne, qui, dans la suite, devint plus florissante que jamais, quand les Empereurs Grecs y établirent des Exarques. Les personnes qui préfèrent l'audace du goût Egyptien à la pureté du goût Grec, y admirent encore les restes du tombeau de Théodoric, érigé par sa fille Amalasonte, & que nous avons décrit dans l'histoire des Pharaons.

La LIGURIE était bornée au nord par le Pô, à l'eſt par une partie, ſoit de l'Etrurie, ſoit de la Gaule Ciſalpine, & à l'oueſt par les Alpes maritimes. On croit le Peuple ancien qui l'habitait, d'origine Grecque, ſur-tout quand on ne fait aucun ſyſtême & qu'on ne cherche pas à voguer dans la haute mer de l'antiquité, avec la prétendue bouſſole de l'étymologie.

Julia Dertona, notre Tortone tenait autrefois un rang conſidérable dans la Ligurie, ainſi que *Nicæa*, la Nice moderne, qui fut bâtie, dit-on, par une colonie de Marſeillois, & dont le nom Grec répond à celui de *Victoire*.

Portus Herculis Monæci, le Port d'Hercule Solitaire, aujourd'hui Monaco, faiſait remonter ſon origine juſqu'à l'époque où le grand Alcide était venu purger l'Italie & l'Eſpagne des brigands qui infeſtaient ces contrées. Le demi-Dieu y avait un Temple, qui donnait plus de célébrité à la ville, que la beauté de ſes édifices, ou la force de ſa citadelle.

GÈNES, l'ancienne *Genua*, fut long-temps avant le ſiècle de Strabon, la métropole de toute la Ligurie. Cependant cette ville n'a vraiment commencé à jouer un rôle en Europe, qu'à la chute de l'Empire Grec, lorſque, devenue République, elle a pu commercer avec l'Orient, & faire reſpecter ſon pavillon ſur les mers nouvelles que lui découvraient ſes Navigateurs.

La VÉNÉTIE, fut peuplée originairement ou par des Illyriens, ou par une colonie Troyenne qui vint y chercher un aſyle après la ruine de ſa métropole. Ce ne ſerait que par des conjectures frivoles ou des étymologies forcées, qu'on ferait les anciens VENÈTES, Celtes d'origine.

Ses principales villes ſont *Hadria*, fondée, ſuivant Juſtin, par Diomède, qui donna ſon nom au golfe Adriatique; *Vicence*, colonie Romaine; *Vérone* & *Padoue*, dont la première donna naiſſance à Catulle, & la ſeconde à Tite-Live.

Les Géographes placent ordinairement

avec la Vénétie, l'Iſtrie & la Carnie.

L'ISTRIE, peuplée originairement par une colonie de la Colchide, qui arriva dans cette contrée au temps du voyage des derniers Argonautes, avait pour chefs-lieux Pola, & Tergeſte ou Trieſte. La première devint peu à peu colonie Romaine; l'autre, du temps de Strabon, n'était encore qu'un village.

La CARNIE, adoſſée vers le nord contre les Alpes Juliennes, ainſi nommées parce que Jules-Céſar y fit pratiquer un paſſage, avait pour métropole *Aquilée*, célèbre dans l'hiſtoire des Céſars, par le courage des femmes qui l'habitaient, & dans celle de l'Egliſe par ſes Patriarches.

LA MOYENNE ITALIE. — Cette partie de la péninſule, le vrai ſiège de toute la puiſſance Romaine, renfermait dans ſon ſein l'Étrurie, l'Ombrie, le Picénum, le pays des Sabins, le Samnium, le Latium, & la Campanie.

L'ÉTRURIE ne répond qu'en partie à notre Toſcane, car elle était beaucoup plus étendue au temps de la République Romaine : séparée de l'Ombrie par l'Apennin, elle se prolongeait depuis la Ligurie jusqu'au Latium & au pays des Sabins. Le Tibre & l'Arno sont les principaux fleuves qui arrosent cette belle contrée. Son lac Trasimène, aujourd'hui lac de Pérouse, est aussi très-connu dans l'antiquité, à cause d'une grande victoire d'Annibal.

Les ÉTRURIENS, que le peuple de nos Ecrivains s'obstine à appeller ÉTRUSQUES, au rapport des Anciens, venaient originairement de Lydie. Ils fondèrent dans l'Italie un grand Empire, s'il est vrai qu'il fut un temps où ils possédèrent tout le pays qui s'étend des Alpes au Détroit de Sicile. Cet Empire était formé d'une confédération de douze villes libres, qui étaient gouvernées par un Chef nommé Lucumon. Toute l'érudition des Fourmont & des Freret ne suffirait pas pour fixer avec précision quelles étaient ces douze Lucumonies.

Pise, une des métropoles de l'ancienne

Etrurie, paſſait pour avoir été fondée par les citoyens d'une ville du même nom dans le Péloponèſe. Au ſixième ſiècle de Rome, elle devint colonie Romaine.

Lucques & *Florence*, qui n'exiſtent proprement pour l'Hiſtoire, qu'au démembrement de l'Empire Romain, ont partagé avec Piſe le titre de ſes colonies.

Le *Portus Herculis Labro*, connu au temps de Zozime ſous le nom de *Liburnum*, & aujourd'hui ſous celui de Livourne, & la *Sena-Julia*, maintenant Sienne, malgré le rang diſtingué dont elles jouiſſent, n'ont pas plus de droits que Lucques & Florence à nos crayons, quand il s'agit d'une Hiſtoire de l'ancienne Rome.

Piſtoria & *Feſulæ*, dont les Italiens ont fait Piſtoye & Fiézoli, furent des places d'armes pour Catilina, dans ſa conjuration contre ſa patrie; conjuration qui, malgré les reſſorts puiſſans qu'on employa, ne ſervit qu'à faire briller le génie de Cicéron qui la découvrit, & de Salluſte qui écrivit ſon hiſtoire.

Volaterre, peu floriſſante aujourd'hui, ſoutint, pendant les guerres de Sylla, un ſiège de deux ans, & on la met au rang des douze anciennes métropoles de l'Etrurie.

Arretium, la moderne Arezzo, une autre des Lucumonies Etruriennes, fut long-temps célèbre, ſoit par la force de ſes murailles, qui étonnait Vitruve, ſoit par ſa fontaine ſacrée, qui, lorſque tout était barbare autour d'elle, rendait des oracles.

Cortone fut bâtie ſur les ruines d'une *Cotythos*, fondée par un fils de Danaüs, & eut une dynaſtie de Rois, avant que Rome vînt en faire la conquête.

Perouſe, une des douze grandes cités de l'Etrurie, tomba de bonne heure au pouvoir des Romains. On la prit & on la brûla au temps des guerres civiles du ſecond Triumvirat, & trois cents de ſes citoyens qui s'étaient rendus aux vainqueurs, furent immolés à l'autel de Céſar.

Clusium (Chiuzi), dont des autorités, peut-être suspectes, attribuent la fondation à Télémaque, était la capitale des Etats de Porsena. Pline parle avec quelqu'éloge du tombeau de ce Roi, érigé dans cette ville, & de son labyrinthe.

Vulsinium (Bolsena), une des premières villes de l'ancienne Etrurie, avait dans son sein un grand nombre de statues que Rome République lui enleva. On dit qu'elle fut détruite à trois différentes reprises; d'abord par les Romains, ensuite par un tyran qu'on ne nomme pas, & en dernier lieu par la foudre.

Veyes, *Tarquinie* & *Falerie*, que Rome naissante eut tant de peine à réduire, aujourd'hui ne sont que de misérables villages : Veyes sur-tout, qui soutint un siège de dix ans, est tellement détruite, qu'on dispute pour savoir où sont ses ruines.

L'OMBRIE est un pays de montagnes, situé entre l'Apennin & le golphe Adriatique. On connaît peu l'histoire de ses

Peuples; ses principales villes furent *Ariminium*, *Rimini*, qui reçut dans son sein une colonie Romaine, après la défaite de Brennus; *Urbinum Hortense*, ou la *Ville des Jardins*, aujourd'hui Urbin, & Spolete, toutes deux villes municipales; enfin *Camérinum*, maintenant Camérino, si puissante vers le temps de sa fondation, que Rome même s'abaissa à rechercher son alliance.

LE PICÉNUM fut habité primitivement par une colonie de Sabins. Le nom de la contrée vint au rapport de Strabon, de *Picus*, un Pivert, parce que le Peuple belliqueux, qui vint s'y établir, ne sachant où se fixer, se laissa guider par le vol de cet oiseau, consacré au Dieu de la guerre. Cette tradition, qui nous paraît absurde, rend cependant avec vérité les mœurs des siècles d'ignorance & de barbarie.

On cite, dans le Picénum, *Firmum* & *Asculum*, qui n'ont point dégénéré dans Fermo & Ascoli, *Hadria*, (Atri) fondée, dit-on, par Denis le Tyran, & sur-tout *Ancone*, que bâtirent des Syracusains, qui cherchaient à ſe dérober au deſpotiſme ſanguinaire de ce Prince. Trajan donna un port à Ancone ; & un bel arc de triomphe, fut le gage de ſa reconnaiſſance.

Le pays des Sabins était arroſé en partie par l'*Anio*, (le Teveron), & par l'*Allia*, (la rivière de Saint-Jean-de-la-Tour). Ce dernier fleuve, plus digne du nom de torrent, ne mérite d'être cité que parce que ce fut ſur ſes bords que Rome perdit, contre Brennus, une fameuſe bataille, qui augmenta d'un jour ſiniſtre les pages de ſon calendrier.

Les Sabins parlaient, à quelques nuances près, la même langue que les Ombriens, & les Peuples du Latium : ils pourraient bien avoir eu la même origine.

Réate, (Riéti) le diſputait en antiquité, aux premières villes des Sabins. Cicéron compare ſon territoire au Paradis Terreſtre de Tempé, en Theſſalie.

C'eſt dans *Cures*, détruite aujourd'hui, que les Sabins tinrent long-temps les Etats de leur Nation. Tatius y régnait, quand

Romulus jetta les fondemens de ſa Capitale.

Tibur, (Tivoli) doit être cenſé la vraie Métropole du pays des Sabins. Cette ville, bien plus ancienne que Rome, lui diſputa, pendant trois ſiècles entiers, l'empire des environs du Tibre. Elle avait, dans ſes remparts, un fameux temple d'Hercule, orné de portiques, ſous leſquels Auguſte, tout maître du monde qu'il était, ne dédaignait pas de venir rendre juſtice à ſes Concitoyens. Tibur, à cette époque, n'était plus qu'un amas de maiſons de plaiſance, occupées durant l'été par les Grands de Rome. Horace en avoit une à quelques milles de ſes remparts. On ſait qu'un Savant moderne a eu la patience de faire trois volumes *in*-8°. ſur cette maiſon de campagne d'Horace.

LE SAMNIUM. — Les MARSES, les PÉLIGNIENS, & un grand nombre d'autres Peuples, qui n'ont point eu d'exiſtence individuelle pour l'Hiſtoire, formèrent ce qu'on appellait la nation des SAMNITES, nation belliqueuse, rivale des Romains, pendant un grand nombre de siècles, & qui leur coûta vingt-quatre triomphes, avant d'être subjuguée.

Le lac Fucin se trouve dans le Samnium : on lui donne à peine quinze brasses de profondeur, quoiqu'il ait quarante milles de circonférence.

Amiterne & *Corfinium*, deux des anciennes Métropoles du Samnium, ne subsistent plus. La dernière fut la patrie de Salluste.

Benevent est la vraie Capitale de cette contrée : elle passe pour avoir été fondée par Diomède.

Le LATIUM. — Ce pays, ainsi nommé de *Latere*, parce que Saturne vint s'y cacher, forme, dans l'Italie, une espèce de péninsule, étant borné, au nord-ouest, par le Tibre, au nord, par le Teveron, au sud, par la Méditerranée, & du côté de l'est, par le Garighan.

Les Peuples qui l'habitaient, sont distingués par les Historiens, sous le nom d'EQUES, de VOLSQUES, de RUTULES, d'HERNIQUES & d'AURONCES; mais peu-à-peu ils furent tous compris sous la domination de Latins, qui désignait le plus considérable d'entr'eux. On se réunit assez à croire les Latins formés de la réunion des Aborigènes, des Pélasges venus de Thessalie, & des Arcadiens, amenés par Evandre, environ soixante ans avant la guerre de Troye.

Rome, la Capitale d'abord du Latium, ensuite de l'Italie, & enfin de la moitié de l'univers, mérite une description particulière qu'on trouvera dans le cours de cette histoire.

Les autres villes un peu considérables du Latium, sont *Tusculum*, aujourd'hui Frescati, dont on attribuait la fondation à Télégone, fils de Circé & d'Ulysse : *Preneste*, maintenant Palestrine, qui existait avant la guerre de Troye, & dont le temple de la Fortune était cher à la superstition, à cause de sa fabrique d'oracles; *Ardée*, capitale de Turnus, Roi des Rutules, & ſur-tout *Albe la Longue*, qu'une dynaſtie de Monarques Troyens gouverna pendant quatre cents ans, & de laquelle ſortit le fondateur de Rome.

On cite encore, dans le Latium, *Oſtie*, fondée par Ancus Martius, qui, par la dérivation du Tibre, perdit le port qu'elle avait à l'embouchure de ce fleuve; *Sueſſa Pométia*, Métropole des Volſques, dont les ruines ſont enſevelies dans les marais Pontins; *Antium*, où Cicéron avait une maiſon de plaiſance; *Minturne*, colonie Romaine; *Terracine*, l'ancienne Anxur; & *Formies*, que les Poëtes font habiter originairement par le Peuple imaginaire des Leſtrigons.

La CAMPANIE ſerait la région la plus enchantée de l'Italie, ſi le Véſuve, qui eſt dans ſon ſein, n'allarmait les Peuples par ſes éruptions. Au ſiècle d'Auguſte, & lorſque Strabon écrivait ſa géographie, on croyait ce volcan éteint; mais la première année de l'empire de Titus, les feux que le Véſuve recélait dans ſes entrailles, s'échappèrent par un cratère nouveau, & ensevelirent, sous des laves brûlantes, les villes de Stabie, de Pompeyes & d'Herculanum. Pline l'ancien y périt, pour avoir voulu observer, de trop près, ce phénomène terrible de la nature.

Capoue, la capitale de la Campanie, fut long-temps la première ville de l'Italie, après Rome. Il en coûta cher à Annibal, pour avoir voulu connaître, de près, le luxe de ses habitans. L'hiver qu'il y passa lui fit perdre le fruit de toutes ses victoires.

On ne doit pas oublier, quand on décrit la Campanie, *Naples* l'ancienne *Parthénope*, qui partageait avec *Bayes* & *Pouzzole* l'avantage de fournir des maisons de plaisance aux riches Epicuriens du siècle des premiers Césars; *Cumes*, où demeura la plus fameuse des Sybilles; *Nole*, fondée un demi-siècle avant Rome; *Pompeyes* & *Herculanum*, détruites par le Vésuve, il y a dix-sept cents ans, & dont les monumens arrachés de nos jours aux montagnes de laves qui les couvraient, ſervent à embellir les palais des Rois des deux Siciles.

L'ARCHIPEL. — Les Iſles de la Méditerranée, qui ſont ſur les parages de l'Italie, forment ſon Archipel. On met, dans ce nombre, la Sicile avec les petits groupes d'Iſles qui l'entourent; mais nous en avons donné le tableau géographique avec tous ſes détails dans nos Annales Grecques (*a*), & nous y renvoyons. Le reſte de l'Archipel de l'Italie, conſiſte dans la Sardaigne & la Corſe, ſur leſquelles le pinceau de l'Hiſtoire peut un moment s'arrêter.

LA SARDAIGNE. — Quand nous avons poſé les fondemens de cette Hiſtoire des Hommes, en interrogeant les débris du monde primitif, nous avons trouvé que la fameuſe Atlantide de Platon devait être ſituée au milieu de la Méditerranée, vers le vingt-neuvième degré de longitude, &

(*a*) *Hiſtoire des Hommes*, partie ancienne, tome XIII, ou tome I de l'Hiſtoire de la Grèce, page 208 juſqu'à 221.

le quarante-unième de latitude. C'eſt la poſition préciſe de la Sardaigne, qui, ſans doute, faiſait partie alors de l'Atlantide. Ce ſyſtême, le ſeul vraiſemblable de tous ceux qu'on a imaginés ſur la patrie primitive des Atlantes, ſemble démontré par un texte du judicieux Diodore, qui veut que Saturne, un des Héros de l'Atlantide, fût Roi de l'Italie, de la Sicile & de l'Afrique (1). Il eſt évident qu'en plaçant l'Atlantide dans la poſition de la Sardaigne, Saturne ſe trouve au centre de ſon empire, & qu'on concilie Platon avec Diodore, ſans altérer la géographie, & ſans bleſſer la raiſon.

Cependant, la Méditerranée, qui, à une époque auſſi reculée, n'avait pas encore formé les golphes de Lyon, de Tarente & de Gênes, & peut-être même la mer Adriatique, monumens authentiques de ſes irruptions dans les terres; la Méditerranée, dis-je, groſſie à-la-fois par les

(a) *Hiſt. Univerſ.* lib. 2, cap. 32.

flots de la mer Noire, qu'elle reçoit par le détroit des Dardanelles, & par ceux de l'Océan, que lui fait passer celui de Gibraltar, en augmentant de surface, put couvrir de ses eaux surabondantes une partie de son Archipel. Des tremblemens de terre se joignirent à cette cause naturelle; alors les flots s'amoncelèrent au-dessus de l'Atlantide, & elle fût submergée.

La mer, en se retirant, laissa probablement à découvert deux fragmens de cette Atlantide, soit que le sol en fût plus élevé que la partie submergée, soit que la secousse du tremblement de terre s'y fût fait sentir avec moins de violence. Ces deux fragmens changèrent alors de nom, & devinrent la Sardaigne & la Corse, petites Isles, qui, dénuées presque par-tout de la terre végétative qui fait la richesse du globe, n'ayant qu'une faible population, & peu à portée de suppléer à une nature marâtre par le commerce, ont été une foule de siècles sans tenter la cupidité de leurs voisins, & sans fournir, par conséquent, le plus petit chapitre à l'Hiſtoire des Hommes.

La Sardaigne contient cent quarante milles quarrés, & fournit à peine 100000 livres par an au tréſor de ſes Rois.

Les Phéniciens, & enſuite les Carthaginois, y établirent des comptoirs pour leur commerce. Ces derniers ayant, dans une de leurs navigations, amené des Libyens qui ſoupiraient après l'indépendance, ne purent les empêcher de s'établir dans les montagnes de l'intérieur de la Sardaigne, & d'y vivre en Républicains. On donna à ces Libyens un nom qui, dans la langue des Corſes, ſignifie *fugitifs* : on les appella *Baléares*.

Caralis, connue aujourd'hui ſous le nom de Cagliari, fut, de temps immémorial, la Métropole de la Sardaigne. Une tradition ancienne veut qu'elle ait été fondée par une colonie de Carthage.

LA CORSE, qui n'eſt ſéparée que par un très-petit détroit, de la Sardaigne, a, dans ſa plus grande longueur, du nord au ſud, à-peu-près quarante lieues : elle renferme, dans ſon ſein, les ruines d'un grand nombre de villes, qui ont eu un moment d'exiſtence dans les annales de l'ancienne Italie.

Aleria fut fondée par les Phocéens, & *Nicée* par les Peuples de l'Etrurie. *Mariana* doit ſon origine à une colonie Romaine, envoyée par Marius.

L'ancienne *Lapalla* de Ptolemée s'appelle aujourd'hui Bonifacio, du nom d'un Seigneur Piſan, qui vint la revivifier dans le moyen âge; & l'*Oppidum Urcinium* du même Géographe, eſt la moderne Ajaccio. Une tradition du pays veut que cette dernière ville ait été fondée au temps d'Hercule, par un neveu du phantaſtique Géryon.

CORTÈ, le *Ceneſtum* des Anciens, était autrefois la Capitale de la Corſe. Comme elle eſt ſituée au centre de l'Iſle, & qu'elle eſt entourée d'un boulevard naturel de rochers, Paoli en avait fait le chef-lieu de ſon Généralat: c'eſt Baſtia qu'on croit l'ancienne *Mantinum*, qui eſt depuis longtemps la Capitale de l'Iſle entière.

Les Phéniciens, les Carthaginois, les Egyptiens, les Grecs, les Troyens, les anciens Peuples de l'Italie, les Gaulois & les Eſpagnols, ont, tour à tour, envoyé des Colonies dans la Corſe. Rome, vers la fin du cinquième ſiècle de ſon ère, s'en empara; & malgré quelques révoltes des Indigènes, malgré l'audace d'un petit nombre de Républicains, qui vécurent preſque toujours indépendans au ſein de leurs montagnes, l'Iſle, de cette époque, eſt cenſée faire partie du domaine de la république.

INCERTITUDE DES PREMIÈRES ANNALES DE L'ITALIE.

Les diverſes révolutions phyſiques que l'Italie a éprouvées au temps de ſa population naiſſante, ſuffiſaient pour couvrir des plus épaiſſes ténèbres ſes annales primitives, quand même elle eût été aſſez policée pour produire des Hiſtoriens. Au reſte, comme il ne s'eſt formé, dans ſon ſein, aucun empire qui eût quelque ſtabilité, avant les Rois d'Albe & la république fédérative des Etruriens, il eſt probable qu'elle n'a fait naître, juſqu'à ces époques, que très-peu de grands Hommes, & encore moins de monumens faits pour tranſmettre aux ſiècles leur renommée.

Cependant, des enthouſiaſtes de Rome, pour rendre ſon berceau plus reſpectable, ont avancé que l'Italie était déjà très-floriſſante ſous le règne de Saturne; époque plus digne des Poëtes que des Chronologiſtes; car le règne des Dieux ſur la terre, eſt toujours celui des fables.

Quand la lumière de la philoſophie vint, de la Grèce, qui était ſon foyer, ſe réfléchir ſur l'empire des Romains, la poſtérité de Romulus mit un peu plus de circonſpection dans ſes rêveries ſur la ſplendeur de l'Italie primitive. Varron, le ſavant Varron, qui avait blanchi ſur les antiquités de ſa patrie, & ſur celles du monde connu, avouait que preſque tout l'intervalle qui s'était écoulé entre la première population du globe, & le déluge d'Ogygès, était parfaitement inconnu, & qu'il n'y avait encore que des faits tout au plus probables à écrire, de cette époque à la première des Olympiades.

La Chronique de Paros, un des plus beaux monumens de l'Hiſtoire & de la chronologie, ne parle point de Rome. On ne peut y ſuppléer (je ne dis pas par rapport aux faits, mais par rapport aux dates) que par le marbre connu ſous le nom de Faſtes du Capitole. On ſait qu'au milieu du troiſième ſiècle, en creuſant dans une place publique de Rome, on trouva une Chronique où était gravée la ſuite des Conſuls, des Dictateurs, des Tribuns militaires & des Cenſeurs, avec les triomphes des Généraux Romains. Le Cardinal Farnèſe apprécia ce beau monument, dont quelques ſavans font honneur au célèbre Pomponius Atticus, & lui aſſigna une place diſtinguée au Capitole.

Mais ces faſtes conſulaires ne nous donnent aucunes lumières ſur l'hiſtoire de l'ancienne Italie ; nous n'avons guères d'autres garans, pour une époque auſſi ſuſpecte, qu'un Grec d'Halicarnaſſe, qui vint à Rome dans le ſiècle d'Auguſte, & qui écrivit les antiquités de cette capitale du monde, vers le temps où elle penchait vers ſa décadence.

Rome, ſous les Rois, s'occupa peu du ſoin d'appeller les générations futures en témoignage de ſes hauts faits ; elle ne ſongea qu'à ajouter à ſon village d'autres villages, à enlever des charrues & des femmes, & à donner une forme honnête à ſes brigandages.

Rome libre n'eut encore pendant long-temps (ſi on en excepte les annales de ſes Pontifes), d'autres faſtes que des cloux ſacrés, que le premier Magiſtrat attachait en cérémonie aux murs d'un Temple de Jupiter. Ces cloux ſont auſſi barbares que les *quipos* des Péruviens ; mais ne donnent pas autant de lumières ſur l'Hiſtoire.

Les premiers Hiſtoriens dont Rome s'honore, ſont Fabius Pictor, & Cincius (*a*). Mais le premier n'écrivit que long-temps après les guerres de Pyrrhus

(*a*) Nous ne parlons point ici des Hiſtoriens Grecs, tels qu'Antiochus qui avait écrit une Hiſtoire d'Italie. Voyez l'ouvrage du Juriſconſulte Ferrari, *de Orig. Gent. Roman.* édition de Milan, pag. 3 & 4. — Au reſte, cet Ecrivain eſt ſi peu au fait des antiquités Romaines, que nous voyons par un fragment cité par Denys d'Halicarnaſſe, qu'il ſuppoſait la fondation de Rome antérieure à la priſe de Troye. *Dyoniſ. Halicarn.* lib. 2.

en Italie, & l'autre avoue dans un fragment de ſon ouvrage, qui nous a été conſervé par Tite-Live, qu'il avait été priſonnier d'Annibal. Ainſi il s'eſt écoulé un intervalle de cinq cents ans entre la fondation de Rome & l'époque où elle s'aviſa d'écrire ſon Hiſtoire.

On parle beaucoup des monumens publics érigés par le peuple de Rome, en mémoire des évènemens mémorables dont il avait été témoin; mais la plupart ne peuvent ſoutenir les regards d'une critique éclairée. Certainement le Temple de Caſtor ne prouve pas que ce demi-Dieu avait combattu à cheval pour les Romains à la bataille de Régille. La chapelle de Curtius ne déſignait qu'à un vulgaire ſtupide, que ce Romain, en ſe jettant dans un abîme, l'avait refermé; & la ſtatue érigée près du Sénat à Nœvius, ne perſuadait à aucun Philoſophe que cet augure de temps de Tarquin, coupait un caillou avec un raſoir.

D'un autre côté, il y aurait du danger

à admettre le pyrrhoniſme parfait dans l'Hiſtoire de l'ancienne Italie. Quelques ſauvages qu'aient été les premiers habitans de Rome, ils avaient des Prêtres inſtruits, puiſqu'ils étaient initiés dans toutes les ſuperſtitions de la Grèce & de l'Etrurie. Numa, dès le premier ſiècle de cet Empire, chargea leur Chef d'écrire l'Hiſtoire de ſon Peuple (*a*). Et dans la ſuite ce dépôt, tranſmis de Pontife en Pontife, & augmenté par leurs ſoins, devint, avec les actes des Magiſtrats & une tradition orale non interrompue, la baſe de l'Hiſtoire de Rome, ſoit pour les Ecrivains ſavans, tels que Varron & Denys d'Halicarnaſſe, ſoit pour les Ecrivains éloquens, tels que Tite-Live.

Notre ſage ſepticiſme ne doit donc tomber que ſur le premier âge de l'Italie,

(*a*) Il y a dans un Hiſtorien Latin un texte bien précis ſur ce ſujet. — *Poſt Romuli exceſſum, novello adhuc Romanæ urbis Imperio, penes Pontifices ſcribendæ Hiſtoriæ poteſtas fuit.* Voyez *Vopiſc.* in vit. Tacit. imperat.

ſur

ſur Enée & ſur le règne de ſa poſtérité à Albe. A meſure que nous avancerons dans l'Hiſtoire de Rome, les faits prendront plus de vraiſemblance; les nuages produits par la crédulité ſe diſſiperont devant l'aurore de la raiſon, & la voix des Brutus & des Scipion fera taire la ſuperſtition des augures & les vains oracles des Sybilles.

ORIGINE DE L'ITALIE.

Des premiers Peuples qui l'habitaient; de ses Héros dans l'âge des Fables.

Les Bochart de l'Antiquité, aussi bien que les Modernes, ont exercé leur imagination féconde sur l'origine du mot *Italie* (*a*), &

(*a*) Hellanicus de Lesbos prétend qu'Hercule, maître des troupeaux de Geryon, & cherchant un jeune veau qui s'en était échappé, apprit dans l'Ausonie que le mot sous lequel on le désignait était *Vitulon*, & qu'il en prit occasion d'appeller le pays *Vitulia*, dont on a fait ensuite *Italia*. Voyez *Dyon. Halic.* lib. 1, cap. 8.

Bochart, de son côté, aussi singulier qu'Hellanicus, fait dériver le mot *Italie d'Itar*, qui, en Phénicien, signifie poix-résine; parce que ce Peuple descendait sur les côtes de l'Ausonie pour en faire commerce. Voyez *Chanaan*, lib. 1.

Il pourrait se faire que l'une de ces étymologies fût vraie; le nom de *Pérou*, donné par Pizarre à l'Empire des Yncas, n'est pas plus absurde que celui d'*Italie*, donné à un pays, à cause d'un veau ou de la poix dont il fait commerce : mais au

la discussion des paradoxes que ce sujet a fait naître, suffirait pour produire un volume sous la plume d'un Ecrivain minutieux, qui s'amuse à défricher toutes les landes de l'étymologie.

Il est probable que ce fut un Roi appellé Italus, qui donna son nom au pays qu'il gouvernait (a); & le récit de Denys d'Halicarnasse se concilie en ce point avec celui de Thucidide (b).

Le pays était déjà connu sous le nom d'*Ausonie*. Le Compilateur Elien s'imagine que les peuples qui l'habitaient alors étaient Autochtones. Telle a été au reste la folie de tous les Peuples, dont l'origine se perd dans la nuit des temps. Ils se sont crus nés du sol qu'ils cultivaient, comme le rocher qu'ils creusaient pour leur servir

fond, que nous importe? C'est le Peuple qui fait les langues, & le Sage les adopte sans s'amuser à en raisonner toujours les principes.

(a) Dyon. Halicar. lib. 1, cap. 8.

(b) Lib. 6. — Cet Historien du beau siècle de Périclès en fait un Roi d'Arcadie.

de chaumière, ou le cèdre touffu qui les appellait ſous ſon ombrage.

Cet Elien, qui aimait à appuyer des fables par des fables, dit que chez ces Auſoniens Autochtones il exiſta un Héros appellé *Mares*, qui était homme depuis la tête juſqu'à la ceinture, & dont le corps ſe terminait par une croupe de cheval. Il ajoute que ce Mares mourut & reſſuſcita trois fois (*a*). Voilà un monument bien authentique, qu'une Hiſtoire fondée ſur la Fable des Centaures & ſur le prodige d'une triple réſurrection!

Ces contes d'Elien, & d'autres non moins abſurdes, ont fait naître de nos jours le paradoxe étrange que dans les origines latines tout était allégorie. C'eſt ſe jetter dans Scylla, pour ſe ſauver de Charybde. Jamais on n'employa plus de déraiſon philoſophique, pour prouver la déraiſon hiſtorique de quelques Anciens;

(*a*) *Elian.* Hiſtor. diverſ. lib. IX, cap. 6. — Au reſte, cet Ecrivain ne garantit point ces rêveries.

& puiſque cette rêverie, conſignée dans un ouvrage eſtimable (*a*), tend à anéantir tous les monumens hiſtoriques qui nous reſtent de la Grèce & de Rome, il faut bien conſacrer quelques lignes de l'Hiſtoire des Hommes à la réfuter.

Nous avions cru juſqu'ici que ſi quelqu'un pouvait être inſtruit des origines de Rome, c'était le Romain lui-même, que ſa vanité, autant que ſa philoſophie, conduiſait à débrouiller le cahos de ſa généalogie.

En ſuppoſant que la vanité égarât le Romain dans ſes recherches, la Logique du moins nous conduiſait à croire que l'Ecrivain le plus fait pour nous inſtruire ſur les origines latines, était un Grec du ſiècle d'Auguſte, qui avait paſſé vingt-deux ans dans Rome, à étudier les Hiſtoriens

(*a*) Voyez le volume in-quarto du *Monde primitif*, qui a pour titre *des Origines Latines*. Les héréſies philoſophiques qui ſont échappées à ſon Auteur, ſe trouvent dans le Diſcours Préliminaire, qui tient la moitié du volume.

dont cette capitale du monde s'honorait, à les oppoſer entre eux, & à ſe rendre digne, en les éclairant de ſa critique, d'être leur interprête auprès de la poſtérité (a).

A tous ces motifs de croyance, ſe joignaient des traditions, ſoit orales, ſoit écrites, éparſes chez les Peuples de l'Italie,

(a) Voici un texte de Denys d'Halicarnaſſe, *Antiq. Rom. in proëmio.* « Je fis le voyage de » l'Italie à la fin des guerres civiles du ſecond » Triumvirat ; c'eſt-à-dire vers le milieu de la » cent quatre-vingt-ſeptième Olympiade. Arrivé à » Rome, j'y demeurai pendant vingt-deux ans, » & j'employai tout cet intervalle à étudier la » Langue Latine, à m'initier dans les Sciences » Romaines, & ſur-tout à faire toutes les re- » cherches néceſſaires pour la perfection de mon » ouvrage. Ce ne fut qu'après avoir interrogé les » plus Savans Hommes de l'Italie, avec qui je » me liai, & après avoir lu avec attention les » meilleurs Hiſtoriens de Rome, tels que l'ancien » Caton, Fabius Maximus, Valerius d'Antium, » Licinius Macer, Elius Capurnius, & une in- » finité d'autres, que j'écrivis mon livre des » *Antiquités Romaines* ».

qui confirmaient le témoignage des Tite-Live & des Denys d'Halicarnaſſe, ſur la vérité des origines latines. Les Liguriens ſe diſaient une colonie Grecque. Les Eturiens plaçaient leurs ancêtres dans la Lydie; les habitans de l'Iſtrie s'annonçaient comme la poſtérité des Argonautes; ceux de la Vénétie & du Latium, ſe faiſaient gloire d'être iſſus des infortunés qui avaient péri avec Priam au ſiège de Troye.

Les villes de l'Italie ajoutaient leurs autorités à celle des Provinces. Padoue ſe diſait fondée par Antenor, Adria par Diomède, Cluſium par Télémaque, Tuſculum par un fils d'Ulyſſe. L'ancienne ville, ſur les ruines de laquelle fut bâtie Cortone, plus fière encore de ſes titres de généalogie, oſait remonter juſqu'à un fils de Danaüs; & Monaco écrivait dans ſes archives, que ſes murs avaient été élévés par le Héros qui, de ſes mains immortelles, créa le détroit de Gibraltar.

Enfin la raiſon, qui ne remplace pas les faits, mais qui du moins les fait valoir, achevait d'étayer le ſyſtême ancien qui lie de la même chaîne les antiquités de la Grèce & celles de l'Italie. Cette raiſon diſait, que le berceau du monde ſe trouvant en Orient, c'était par l'Orient, & non par le Nord, que l'Europe avait dû ſe peupler ; elle ajoutait que l'Italie, en tout temps, fut bien plus acceſſible, en y abordant par la Méditerranée, qu'en franchiſſant l'épouvantable barrière des Alpes.

Tranquilles à l'abri de tant de motifs de croyance, nous nous imaginions poſſéder un fanal, pour nous éclairer dans la nuit des origines latines ; tout-à-coup un homme de Lettres eſt venu nous dire que les Ecrivains originaux de Rome, les Savans de la Grèce qui les avait interprétés, les traditions orales & écrites des Peuples, la raiſon & les faits, tout conſpirait à nous tromper ; & cet Homme de Lettres, qui veut ainſi avoir raiſon contre tous les ſiècles qui l'ont précédé, né dix-ſept cents ans après l'Hiſtorien des Antiquités Romaines, n'a interrogé, en faveur de son opinion, ni les livres, ni les hommes, mais seulement les énigmes éternelles de l'étymologie.

Il est venu dire aux héritiers du siècle de Louis XIV, que les dépositaires du siècle d'Auguste étaient descendus de ces Celtes à demi civilisés, qui brûlaient les hommes dans des paniers d'osier, pour appaiser la faim de leurs Dieux Antropophages.

Ensuite il a renversé l'édifice des origines romaines pour le rebâtir dans les nuages; & le peupler des phantômes que fait naître l'allégorie.

Il n'y a point eu, dit-il, de Rois d'Albe; car Enée, dont ils descendent, n'est autre chose que le Soleil.

Par le même principe, ajoute-t-il, Romulus n'a jamais existé comme fondateur de Rome. En effet on l'appellait *Quirinus* : or, *in* désigne un flambeau, & *quir* une Ville. Romulus était donc le flambeau de la ville de Rome, c'est-à-dire, l'aſtre qui éclaire la nature & la vivifie.

Cette baſe du ſyſtême une fois admiſe, le reſte ſemble en découler comme de ſource : c'eſt ainſi que dans la mythologie grecque, dès qu'une fois on avoue qu'une lyre anime des pierres, il faut bien que les murs de Thèbes s'élèvent au ſon de la lyre d'Amphion.

On nous repréſente dans les fables hiſtoriques du Latium, Romulus & Rémus comme deux jumeaux : c'eſt que l'un eſt le ſoleil d'été, & l'autre le ſoleil d'hiver.

Les Ecrivains de l'antiquité ſuppoſent que ces jumeaux célèbres furent allaités par une louve. Le ſens de l'énigme ſe devine, dès que l'on ſait que la louve eſt le ſymbole de la lumière.

La Rome dont on attribue la fondation à Romulus, & que ce Roi-Soleil n'a pu bâtir, tirait, dit-on, ſon étymologie du grec *Rôma*, qui, dans le dialecte Dorien, ſignifie *force*, *élévation*, *ſupériorité*; mais, comme *Rum* eſt une racine celtique qui a exactement la même ſignification, il eſt bien plus naturel de faire dériver le nom de la Capitale du Monde du *Rum* des Celtes, que du *Rôma* des Peuples du Péloponèſe.

C'eſt ainſi qu'avec l'eſprit ſyſtématique, un appareil impoſant d'érudition, qui tombe ſur les mots & jamais ſur les choſes, un petit nombre de faits vagues, & beaucoup de conjectures ſur le ſens des énigmes de l'étymologie, on parvient à ſapper par la baſe tout l'édifice de nos connaiſſances, à dénaturer les monumens de l'antiquité, & à pervertir l'hiſtoire, germe ſacré de la morale des hommes.

Mais c'eſt aſſez s'arrêter ſur des rêveries qui ſe détruiſent d'elles-mêmes en les expoſant. Cherchons dans de meilleures ſources l'hiſtoire de l'ancienne population de l'Italie juſqu'à Romulus, le vrai fondateur de Rome, qui, s'il a été le Soleil pour ſes Peuples, n'en a obtenu le culte qu'après ſon apothéoſe.

Tous les Ecrivains de l'antiquité qui

ont traité des origines latines, s'accordent assez à placer dans l'Italie primitive un Peuple appellé les *Aborigènes*. On sait qu'on a toujours entendu sous ce nom un Peuple né du sol qu'il habite : ainsi le mot d'Aborigène répond au mot philosophique d'Antochtone.

Du moment qu'un ancien avait prononcé le nom d'Aborigène, il se croyait dispensé de toute recherche antérieure ; car il croyait tenir le premier anneau de la chaîne généalogique. Pour nous, qui ne croyons pas qu'une terre-vierge fasse naître des hommes, comme elle développe la semence des végétaux, nous sommes en droit de chercher d'où vient un Peuple qui n'a point de père, c'est-à-dire, l'origine des Aborigènes.

Si l'on veut se retracer la filiation de nos idées sur le globe primitif, on se rappellera que, quand le peuple de l'Atlas, colonie de celui du Caucase, vit ses domaines s'étendre par la retraite de l'Océan, sa jeunesse surabondante descendit de la montagne primordiale pour peupler toute cette partie de l'Afrique qui baigne aujourd'hui la Méditerranée. C'eſt alors que les Nations Syriennes & Phéniciennes prirent naiſſance ; c'eſt alors que leurs Navigateurs audacieux, cherchant des Mondes pour les peupler, découvrirent l'Atlantide.

L'Atlantide eſt vraiment la terre-mère d'où ſortirent les Aborigènes. Nous avons vu dans les premiers volumes de cette hiſtoire des hommes, que cette iſle, ſi célèbre dans l'antiquité, ſe trouvait à la hauteur de l'iſle de Corſe & de la Sardaigne, dont ces iſles modernes ſont les débris ſans doute. Le voiſinage de l'Italie dut engager de bonne heure les Atlantes, preſſés par une population trop nombreuſe, à y envoyer une colonie ; & cette colonie était déjà très-floriſſante quand Saturne vint la gouverner, & donner ſon nom à la contrée qu'elle occupait (*a*). L'époque

(*a*) « Avant qu'Hercule vînt en Italie, l'Italie

de cette émigration est inaccessible à la chronologie.

On ne peut douter que l'Italie, dans ces temps primitifs, ne fût comprise dans l'ancien empire des Atlantes, puisque le judicieux Diodore, à qui on ne reprochera pas de faire des rêves philosophiques, comme Platon, déclare formellement que Saturne fut *Roi de Sicile, d'Italie & d'Afrique* (a); & assurément l'Historien désigne, par ce trait, le moment le plus brillant du règne de ce Prince, & non celui où, détrôné par Jupiter, il erra dans ses vastes Etats, pour chercher un asyle qui pût le dérober à son fils, à ses anciens sujets & à ses remords.

Ce texte précieux de Diodore, qui fait Saturne Roi de Sicile, d'Italie & d'Afri-

» entière était consacrée à Saturne & portait » son nom. *Antiq. Rom.* lib. 1, cap. 4 ». Malheureusement Denys d'Halicarnasse affaiblit l'autorité de ce fait, en citant les Oracles des Sybilles.

(a) *Histor. Univers.* lib. 3, cap. 32.

que, jette un grand jour, ſoit ſur notre théorie du monde primitif, ſoit ſur les origines de l'Italie. Ne craignons pas de nous arrêter encore un moment ſur ce trait de lumière.

Il paraît d'abord qu'à l'époque du règne de Saturne, la partie orientale de l'Europe, & la partie occidentale de l'Aſie, étaient figurées à-peu-près comme elles le ſont aujourd'hui; ainſi, il y avait longtemps que la mer avait abandonné le pied des montagnes primitives. Il s'était formé des débris de l'Océan, diverſes Méditerranées, & au milieu d'une d'entr'elles, étaient la Sicile & peut-être l'Italie.

Oui, je penche à croire que cette Italie, qui eſt une péninſule aujourd'hui, ne tenait point au continent dans le ſiècle dont j'écris l'hiſtoire. Il eſt probable, par exemple, que les deux mers ſe réuniſſaient vers Bologne; alors Ravenne n'exiſtait pas; cette Ravenne, monument éternel de la retraite graduée des eaux, où l'on voyait des flottes ſous les premiers

Césars, & où, depuis long-temps, on ne voit plus que des jardins.

D'un autre côté, les deux petites presqu'Isles, qu'on appelle vulgairement le pied & le talon de la botte, semblent sorties récemment du sein de la mer, & elles y seraient encore, si elles n'avaient pas à leur centre, deux branches de l'Appennin, qui, en brisant sans cesse les flots de la Méditerranée & du golphe Adriatique, ont dû les éloigner toujours graduellement de leurs rivages.

La partie la plus anciennement habitée de l'Italie, après les hauteurs de l'Appennin, a dû être la Tirhénie, ou notre Toscane, parce que c'est la plus élevée; c'est aussi la contrée où dominerent originairement les Atlantes de Platon (*a*); & c'est la seule dont les peuples se soient dits Autochtones.

Ce coup-d'œil sur l'ancienne géographie, nous suffit maintenant pour appré-

(*a*) *Hist. des hommes*, tom. I, pag. 262 & 263.

cier l'empire de Saturne, & pour le circonscrite dans ses justes limites.

Il est évident que l'Italie, à cette époque, pouvait n'exister que par la Tirhénie & par la chaîne de l'Appennin. Elle formait une Isle, & cette Isle était séparée de la Sicile par un long intervalle de mer. Depuis, les rivages correspondans se sont insensiblement rapprochés; il n'y a plus, aujourd'hui, qu'un faible détroit entre deux; & quand la marche lente des siècles aura fait un seul continent de la Sicile & de l'Italie, on pourra en prédire la jonction avec l'Afrique, du côté du golphe de l'ancienne Carthage.

Il résulte de cette théorie, que l'Afrique n'était encore au temps que je décris, qu'une Isle formée par la chaîne de l'Atlas, & par les plaines élevées, qui entourent ces montagnes. Assurément Diodore n'aurait pas fait Saturne *Roi de l'Italie, de la Sicile & de l'Afrique*, si cette dernière région s'était étendue alors comme elle l'est sur nos cartes, c'est-à-dire, du Sénégal au détroit de Babel-Mandel, & d'Alger au Cap de Bonne-Eſpérance. Ce quart du globe habité, uni ſur la même ligne, avec le petit écueil de la Sicile, ſerait dans l'hiſtorien la ſuprême extravagance; & on ne peut pas plus, dans ce ſens, appeller un Monarque Atlante, Roi de Sicile & d'Afrique, que Louis XIV, Roi de France & de l'Iſle de Noirmoutier.

Pendant que Saturne régnait en Italie, Evenor gouvernait le peuple indigène de l'Atlantide; & quand Neptune vint, l'épée à la main, forcer cette Iſle célèbre à recevoir ſes loix, il fut obligé d'épouſer la fille de cet Atlante; ce qui était le moyen le plus ſimple de légitimer ſa conquête.

Ce Neptune ſortait de la Lybie, où il avait une ſouveraineté, quand il ſe fit le gendre d'Evenor. Peu-à-peu il jetta, dans l'Atlantide, les fondemens d'une puiſſance dont le monde connu commençait à s'allarmer, lorſque la mer ayant franchi ſes limites, l'Iſle entière diſparut.

Avant cette révolution physique, le trône de l'Italie en avait essuyé une autre. Il y avait quarante ans que Saturne écrasait ses peuples du poids de sa tyrannie, lorsque Jupiter le défit en bataille rangée, le détrôna, & régna à sa place.

Saturne banni de ses Etats, Saturne errant d'asyle en asyle, Saturne odieux au ciel, à son pays, & peut-être à lui-même, ne chercha point à faire oublier ses crimes, en faisant respecter ses malheurs. Il remplit la terre des plus horribles superstitions; c'était le seul moyen qui restait à ce tyran, pour que le mal qu'il avait fait aux hommes pût lui survivre.

C'est à lui que l'ancienne Etrurie doit sa divination, ses aruspices, & ce vain amas de cérémonies frivoles, avec lesquelles le vulgaire crédule s'endort sur le passé, & prétend enchaîner l'avenir (a).

(a) Saturne, dit-on, était Prophête lui-même. On prétend qu'il prédit aux Chaldéens le déluge de Xixuthrus. Eusèbe, *præpar. evangel.* lib. 10.

Après avoir rendu l'homme petit, il le rendit cruel, afin qu'il lui ressemblât en tout. Les sacrifices humains paraissent de son invention : il les porta au Latium, où il vint se cacher, c'est-à-dire, chez les peuples auxquels il demanda un asyle ; &, pour prix de leurs bienfaits, il osa ainsi dégrader leurs ames, dénaturer leur culte, & pervertir leurs mœurs, jusques dans leur dernière postérité.

Tel est cet abominable Saturne, dont les premiers habitans de l'Italie s'honoraient. Il y a de quoi regarder en pitié la nature humaine, quand on voit qu'une tradition presque universelle a donné le nom d'âge d'or, au siècle sur lequel ce tyran a tant influé par son règne & par ses crimes.

La Grèce, à cette époque, était déjà partagée en diverses souverainetés : on voit, par le Timée de Platon, qu'elle avait soutenu des guerres longues & cruelles avec les despotes de l'Atlantide. L'idée brillante qu'elle se forma de l'Italie dans ses expéditions maritimes, l'engagea à y envoyer deux colonies; l'une d'Aborigènes Grecs, vint, ſous la conduite d'Œnotrus, repeupler le Latium environ cinq cents trente ans avant la priſe de Troye; l'autre, ſortie de la Theſſalie, & connue ſous le nom de Pélaſges, s'embarqua ſur la foi d'un oracle de Dodone, à l'embouchure du Pô, ſe joignit à ſes compatriotes, & s'empara avec eux de pluſieurs provinces; mais une contagion détruiſit une partie des confédérés, & le reſte ſe diſperſa. Cet événement, date de l'âge de l'Hercule Grec, & du voyage des derniers Argonautes.

L'Hercule Grec eſt lui-même un des héros de l'ancienne Italie. Il s'y rendit, dit-on, des Gaules, qu'il venait de ſubjuguer. Les Alpes, qu'il traverſa à cet effet, avaient été juſqu'alors impraticables, même pour de ſimples Voyageurs. Il en applanit les ſentiers, & les rendit ſi aiſés, qu'une armée entière pouvait y paſſer avec tout ſon bagage. Quand nos armées ont voulu paſſer en Italie, elles ont vainement cherché cette route d'Hercule, ainsi que celle d'Annibal.

Le Héros aux douze travaux entra dans le Latium, s'arrêta près du Tibre, à l'endroit où Rome, dans la suite, fut bâtie, & parcourut toutes les côtes maritimes de l'Italie. Son séjour dans le royaume de Naples, est devenu célèbre par la digue qu'il éleva entre la mer & le lac d'Averne, pour empêcher leurs eaux de se réunir. On parle aussi de géants qu'il défit auprès du mont Vésuve; car ce demi-Dieu, comme Dom Quichotte, ne peut faire un pas sur le globe, sans trouver de géants à combattre.

Hercule, qui se faisait un jeu de pourfendre les géants, ne fut pas aussi heureux contre les cigales. Tourmenté sur les confins de Rhège par ces insectes, il fut obligé de s'adresser à son père pour se délivrer de leur importunité. Jupiter l'exauça, & *depuis*, ajoute Diodore, *les cigales de ce canton ont totalement disparu* (a).

(a) Hist. Univ. lib. 4, parag. 6; Diodore au

Le Héros n'ayant plus en Italie, ni géants à étouffer, ni cigales à anéantir, voulut visiter quelques Isles de la Méditerranée. Il vint en Sicile, & passa, dit-on, le détroit, qui avait alors treize stades de long, en se tenant aux cornes d'un taureau.

A peine fut-il descendu sur le rivage, qu'un Roi du pays, nommé Eryx, qui se disait fils de Vénus, le provoqua à la lutte: il proposait, pour prix de la victoire, son royaume, & Hercule ne proposait que des génisses. Malgré l'inégalité des conditions, le traité fut accepté; le fils d'Alcmène vainquit le fils de Vénus, & il donna les Etats qu'il avait acquis si aisément, aux

reste, ainsi que Tite-Live, met presque toujours l'expression *on dit*, au devant des contes populaires qu'il rapporte. Il a même fait une sorte de profession de foi philosophique à la tête de son Histoire d'Hercule. « La Mythologie, dit-il, par » rapport à ce Héros, a un peu enchéri sur » l'exacte vérité; mais ce n'est pas une raison pour » rejetter l'Histoire d'Hercule ».

ſujets mêmes d'Eryx : alors le royaume devint une république.

Tel fut le terme du voyage d'Hercule en Italie. Après avoir deſſiné cette expédition avec le crayon de l'ami des fables, retraçons-les avec les couleurs plus naturelles de l'hiſtoire.

« Suivant la tradition la plus vraie, & » la plus univerſellement reçue, dit le » ſage Deyns d'Halicarnaſſe (*a*), Hercule » fut le plus grand Capitaine de ſon ſiècle : » il parcourut, à la tête d'une armée for- » midable, les contrées que l'Océan en- » vironne ; il délivra de la tyrannie les » peuples qui gémiſſaient ſous le joug de » leurs deſpotes ; il réprima par-tout les » brigandages, & établit des loix ſages, » ſoit dans les monarchies, ſoit dans les » républiques.

» Ce Héros ne vint point ſeul en Italie, » parce qu'il n'y a point de route ouverte » par-là à ceux qui, d'Eſpagne, vont à

(*a*) *Antiquit. Roman.* lib. 1, cap. 33.

» Argos; & assurément il n'aurait point » reçu les honneurs qu'on rend à un demi-» Dieu, s'il s'était contenté d'y faire un » simple voyage. Mais après avoir sub-» jugué l'Espagne, il passa, avec une ar-» mée florissante, en Italie, dans le des-» sein de la réduire sous son obéissance. » Cette expédition fut plus longue qu'il » ne l'avait imaginé, soit à cause du re-» tardement de sa flotte, que la saison de » l'hivernage, qui approchait, retint long-» temps sur la Méditerranée, soit parce » que les peuples qu'il voulait subjuguer » lui firent éprouver une courageuse ré-» sistance.

» Les ennemis les plus dignes de lui » qu'Hercule rencontra alors, étaient les » Liguriens, qui, postés à l'entrée des » Alpes, défendirent avec la plus grande » bravoure ce boulevard naturel de l'Italie. » Le combat qu'ils livrèrent fut si vif & » si opiniâtre, que les soldats du conqué-» rant vinrent à manquer de flèches. Ce-» pendant, à la fin, Hercule l'emporta,

» & s'ouvrit un passage sanglant au travers des Liguriens.

» Les premiers peuples qui se soumirent » au Héros, étaient Grecs d'origine; mais » leur exemple fut peu imité. Il y eut des » Etats en Italie qui tinrent long-temps » contre ses armes victorieuses. Telle fut » en particulier la principauté de Cacus. » Ce tyran, si fameux dans les fables ro- » maines, fut très-difficile à dompter. Les » Grecs, après un long siège, prirent d'as- » saut sa principale forteresse; mais le bar- » bare aima mieux se faire tuer sur la » brèche, que de se rendre au fils immor- » tel d'Alcmène.

» Hercule arrivé au Latium, eut deux » enfans, l'un de Lavinie, fille d'Evandre, » qu'il nomma Pallas, & qui mourut en » bas-âge; l'autre, d'une jeune Vierge » née dans la partie septentrionale de cette » contrée, & qui fut appellé Latinus. A » son départ pour Argos, il fit épouser » la mère de ce jeune Prince à Faunus; » mariage qui procura, dans la suite, à

» Latinus le trône des (seconds) Abori-
» gènes. »

Les Liguriens qu'Hercule eſt obligé de combattre au pied des Alpes, nous annoncent qu'entre le règne de l'ancien Saturne, & l'expédition du fils d'Alcmène, il s'était introduit en Italie d'autres colonies que les Aborigènes Grecs & les Pélaſges; &, pour les faire connaître, nous n'avons pas de meilleur parti à prendre que d'analyſer les recherches du Varron des Modernes, du célèbre Freret, dans tout ce qui ne tient pas chez lui à l'eſprit de ſyſtême, ſi fait pour égarer, quand on parcourt les champs de l'Hiſtoire.

Suivant ce grand Critique (*a*), une peuplade d'Illyriens avait pénétré d'abord en Italie par ſon extrémité ſeptentrionale; une partie ſous le nom de Liburnes, vint occuper la Pouille, l'Abruzze, & toute cette partie du Royaume de Naples & de la

(*a*) *Hiſt. de l'Acad. des Belles-Lettres*, petite édition, tome IX, page 118.

Romagne, qui, bornée à l'Occident par l'Apennin, & à l'Orient par le golfe de Venise, s'étend du Nord au Sud depuis Ancône jusqu'au cap le plus avancé de la terre d'Otrante. Une seconde branche, sous le nom de *Sicules*, peupla le centre de l'Ombrie, la Sabine, le Latium & la Sicile; & une troisième, connue sous celui de *Vénètes*, vint fonder Padoue & s'emparer du Frioul, du Vicentin, & de toute la partie maritime de l'Etat de Venise, qui borde le fond du golfe Adriatique.

Il n'y avait pas long-temps que la colonie Illyrienne jouissait de ses conquêtes, lorsqu'elle se vit obligée de les partager avec des Ibères ou Espagnols, qui, en pénétrant en Italie par le passage méridional des Alpes, s'établirent d'abord dans l'ancienne Ligurie, aujourd'hui l'Etat de Gênes; peuplèrent ensuite une partie de la Campanie, de la Toscane & du Latium; & pressés enfin par de nouveaux Conquérans, allèrent chercher un asyle en

Sicile & jusques dans la Corse, préférant à un opulent esclavage la pauvreté & l'indépendance.

Ces Conquérans étaient les Celtes, qui, s'imaginant que la Nature leur avait donné droit sur tout, puisqu'ils en avaient reçus assez de vigueur & de courage pour tout usurper, descendirent en Italie par les gorges du Tirol & du Trentin, & s'emparèrent de toutes les contrées qui sont des deux côtés du Pô, au Midi & au Septentrion. Ces brigands ne se maintinrent pas long-temps dans toutes leurs possessions ; ils furent dépouillés par d'autres brigands, comme c'est l'usage, ce qui n'a cependant jamais corrigé les hommes de la rage des conquêtes.

Une autre colonie qui aborda en Italie, & dont il est difficile de fixer l'époque, est celle des Etruriens. Hérodote, qui aimait bien mieux parler à l'imagination qu'à la raison, établit cet évènement historique dans un conte assez extraordinaire. La Lydie, dit cet Hiſtorien (*a*), était affligée d'une grande famine ; Atys, qui la gouvernait, pour ménager les vivres, engagea ſon Peuple à ne manger que de deux jours l'un ; & dans la vue de le diſtraire de la faim, il imagina des jeux qui l'occupèrent, tels que les dez, la longue paume & les oſſelets ; l'expédient réuſſit pendant dix-huit ans : mais l'opiniâtreté du mal rendant à la fin le remède inutile, la moitié des Lydiens s'expatrièrent, conſtruiſirent une grande flotte, & ſous la conduite de Tyrhène, fils de leur Souverain, vinrent s'établir dans la Toſcane.

Cette fable, digne des Mille & Une Nuits, a été adoptée des Anciens, qui ſe copiaient preſque tous les uns les autres en Hiſtoire, & qui ne ſe contrediſaient qu'en Philoſophie. Ce Peuple, qui ne mange que de deux jours l'un & qui joue aux dez pendant dix-huit ans ; cet embar-

(*a*) *Hérod.* lib. 1.

quement fait sans vivres ; cette flotte armée par des squélettes ambulans, dans un temps où il n'y avait chez eux ni ports, ni marine ; toutes ces absurdités qui nous révoltent, pouvaient plaire aux Grecs qui voulaient des Historiens qui amusassent leur imagination, & même aux Romains qui faisaient gloire de tirer des Grecs leurs erreurs & leurs amusemens.

Il est probable que les Rhétiens, anciens habitans du Trentin & d'une partie du Tirol, connus ensuite sous le nom de *Rasènes*, & désignés par les Romains sous celui de *Toscans*, environ mille ans avant notre ère, s'emparèrent de tout le pays situé entre le Pô & l'Apennin, battirent les Celtes, détruisirent leurs villes, & fondèrent dans l'Etrurie cette République fédérative, dont la destruction coûta à Rome naissante tant de sang, & qui retarda peut-être de deux siècles l'esclavage du monde.

Toutes ces colonies avaient des Héros pour Chefs ; mais comme dans ces temps reculés il était bien plus aisé de faire des exploits que de les écrire, le nom du plus grand nombre s'est effacé de la mémoire des hommes.

Nous avons parlé de Saturne, un des Patriarches des Atlantes, qui usurpa en Italie l'apothéose destinée aux Héros bienfaiteurs des hommes. A sa mort, on ne sut ce que devint le trône qu'il occupait dans cette partie de l'Europe : car ce n'est que la fureur de remplir les vuides des dynasties, dans l'âge des Fables, qui a pu faire imaginer que Picus était fils & successeur immédiat de Saturne. Nous connaissons assez la mythologie grecque pour savoir que ce Picus ne pouvait être le frère de Jupiter.

Ce PICUS est lui-même un Héros imaginaire ; il n'est guère connu que par une fable d'Ovide. Le Poëte prétend que Circé punit ce prétendu successeur de Saturne, d'une chasteté qui outrageait ses charmes, & qu'elle le métamorphosa en Pivert.

Il doit y avoir encore un long intervalle entre Picus & le FAUNUS qui, comme nous l'avons vu dans l'Hiſtoire d'Hercule, épouſa la maîtreſſe de ce demi-Dieu. Ce Faunus était ſi peu fils de Picus, que Plutarque lui donne Mercure, & Denys d'Halicarnaſſe le Dieu de la guerre pour père (*a*). On eſt tenté de croire, en voyant à ce Prince tant de pères, qu'il n'était né que de la chimère de Bellerophon.

Le dernier Prince d'Italie dont il eſt fait mention dans l'Hiſtoire de ſes Antiquités, eſt LATINUS, ce fils d'Hercule, adopté par Faunus, qui donna ſon nom aux Latins. Au reſte, ſon règne eſt intimément lié avec la vie d'Enée, dont nous allons nous occuper un moment. Obſervons ſeulement que la perſonne de ce Souverain, qui n'a rien fait par lui-même, ſerait parfaitement inconnue

(*a*) *Plutarch.* de Fortun. Roman.; *Dyoniſ. Halicarn.* Antiq. Roman. lib. 1, cap. 7.

ſans Virgile, qui a pris ſoin d'immortaliſer ſa perfidie envers Turnus, ſes tergiverſations politiques, & ſes pieuſes faibleſſes.

HISTOIRE

D'ÉNÉE.

HOMÈRE eſt le premier Ecrivain qui ait parlé de ce Prince, &, depuis ce Poëte, on ne trouve ſur ſa vie que quelques fragmens épars dans les Hiſtoriens, juſqu'à Virgile qui, pour flatter Auguſte, en a fait le Héros d'un poëme épique (*a*).

L'Iliade & la foule de ſes Commentateurs & de ſes admirateurs font d'Enée un Prince du ſang de Priam, Roi de Troye (*b*). Cependant l'autorité du plus grand des Poëtes parut bien faible, le ſiècle dernier, à Gronovius, puiſque ce ſavant écrivit pour prouver qu'Enée était

(*a*) Denys d'Halicarnaſſe donne, il eſt vrai, un précis de ſa vie. *Antiq. Rom.* lib. 1, cap. 11 ad cap. 15. Mais ce Savant eſt poſtérieur à Virgile, & ſouvent il le copie.

(*b*) Iliad. cant. 20. — *Apollod.* lib. 3, &c.

Phénicien (*a*). Quoi qu'il en ſoit de ce fait peu important par lui-même, il eut pour Gouverneur ce Chiron qui forma la jeuneſſe d'Achille & de tous les grands hommes de ſon ſiècle (*b*). Il s'exerça de bonne heure dans la gymnaſtique, & apprit de ſon ſage inſtituteur, non-ſeulement l'art de déployer toute la force que la nature avoit donnée à ſes organes, mais, ce qui eſt bien plus difficile encore, l'art de n'en jamais abuſer.

Lorſque Pâris eut enlevé Hélène, & armé Troye & l'Aſie pour ſoutenir ſon brigandage, juſte dans une Cour où il eût été de ſon intérêt de n'être que politique, Enée conſeilla à Priam de rendre Hélène à Ménélas, & de prévenir une guerre qui pourrait devenir fatale à la patrie de ſon raviſſeur. On ne l'écouta point : Pâris couronna ſa flamme adultère, & le trône de Priam fut renverſé.

(*a*) *Diſſert. de Orig. Romul.* édit. de Leyde, 1684.

(*b*) *Xénophon.* Cyneget. cap. 1.

Ici ſe partage la tradition ſur la perſonne d'Enée. Les uns en font un ſcélérat qui trahit ſon Roi & ſes Concitoyens; les autres un grand homme qui entoura de quelques rayons de gloire le tombeau de ſa patrie. Voyons le panégyrique de ce Prince, avant d'entamer ſa ſatyre.

La nuit où les Grecs s'emparèrent de Troye, diſent les garants de la tradition la plus favorable, Enée, à la tête de ſes Soldats, s'empara de la citadelle de Pergame, & arrêta quelque temps la fougue des vainqueurs. Forcé enfin d'abandonner cet aſyle, il ſe retira ſur le mont Ida: là, ſa petite armée s'accrut des Troyens des Villes voiſines, qui, à la faveur de la nuit, avaient apperçu les tourbillons de flamme qui s'élevaient de l'embrâſement de la Métropole. Il fut alors aſſez heureux pour faire avec ſes vainqueurs une capitulation honorable; &, en vertu du traité, il ſe rendit tranquillement, avec ſes troupes, ſur le bord de la mer, réſolu de bâtir une nouvelle Troye dans la contrée que lui indiqueraient les Dieux & son courage.

Quelques Historiens, encore plus enthousiastes d'Enée, racontent d'une manière bien plus merveilleuse, comment ce Prince échappa à l'embrâsement de Troye. Voici le récit d'Elien (a); il est digne du moins de l'âge d'or, & on regrette que cet âge d'or soit l'âge des fables. Les Grecs, au lever du soleil, voyant tout le sang qu'ils avaient répandu, sentirent la pitié succéder dans leurs cœurs aux transports impétueux de la vengeance; ils firent publier par un Héraut, que tout Citoyen libre pourrait emporter tel effet qu'il voudrait choisir. Enée prend alors ses Dieux pénates, & se met en marche pour sortir de sa patrie embrâsée; mais les Grecs touchés de sa piété, lui permettent alors de faire un second choix. Le Héros ne se dément point, &, prenant

(a) Hist. div. lib. 3, cap. 22. Voyez aussi *Xénophon*. Cyneget. cap. 1.

ſon père Anchiſe, vieillard accablé ſous le poids des années, il le charge ſur ſes épaules, & traverſe avec ce fardeau ſacré l'armée ennemie. Il n'en fallait pas tant pour porter l'admiration d'un peuple né ſenſible, juſqu'à l'enthouſiaſme : auſſi les Grecs rougiſſant d'avoir fait le malheur d'un grand homme, voulurent qu'il diſposât de tout ce qui lui avait appartenu. Il eût été encore plus beau de lui abandonner Troye, & de lui permettre de régner ſur ſes ruines.

Ce trait ne donne pas à Enée, comme le récit précédent, toutes les reſſources dont il avait beſoin pour faire les grandes choſes qui devaient l'immortaliſer; mais du moins il prépare de loin cette renommée d'un homme pieux & ſage, ſur laquelle l'Auteur de l'Enëide a bâti la fable de ſon Poëme épique.

Malheureuſement, par rapport aux hommes célèbres ſur leſquels la poſtérité ſe partage, la vérité eſt rarement plus proche du panégyrique que de la ſatyre.

Nous avons vu dans l'hiſtoire de la Monarchie de Troye, que, s'il y eut un fait conſtaté chez les anciens, c'eſt la perfidie d'Enée & d'Anténor, lorſque le Palladium ayant été pris par les Grecs, Priam réſolut de capituler, & nomma ces deux Généraux pour ſes Plénipotentiaires.

Virgile qui a compoſé ſon poëme pour faire d'Auguſte un grand homme, a, il eſt vrai, arrangé dans un plan différent toute l'hiſtoire de la priſe de Troye; mais Ménécrate de Xante, & les Hiſtoriens dont s'appüie Dictys de Crète, Hiſtoriens qui n'avaient aucun intérêt à falſifier les anciens monumens pour décorer l'origine d'une généalogie, ont peint avec d'autres couleurs le Héros de l'Enéide. Parcourons cette tradition un peu plus authentique, ſans doute, que les vers harmonieux, mais adulateurs, du Courtiſan d'Octave.

Le récit de Ménécrate nous a été conſervé par Denys d'Halicarnaſſe. « Les » Grecs étaient dans la déſolation, &,

» depuis la perte d'Achille, ils ne voyaient
» plus parmi eux de Héros dignes d'être
» leurs Chefs. Cependant, après avoir
» élevé un monument ſuperbe pour ap-
» paiſer la cendre de ce grand Guerrier,
» ils continuèrent à preſſer vivement la
» ville de Troye juſqu'à ce qu'elle leur
» fût livrée par la trahiſon d'Enée. Ce
» Troyen, pour ſe venger de Pâris qui
» le mépriſait, & qui l'éloignait des hon-
» neurs du Sacerdoce, cauſa la ruine des
» ſiens, & eut la lâcheté de ſe laiſſer
» adopter par l'ennemi barbare qui avait
» aſſaſſiné Priam & mis Troye en cen-
» dres (*a*) ».

La narration de Dictys de Crète eſt un peu plus circonſtanciée que celle de Ménécrate, & ſe concilie mieux avec le caractère connu du Héros de Virgile. Si la vérité ſe trouve dans quelques-uns des tableaux contradictoires qu'on vient d'ex-

(*a*) *Dyoniſ. Halicarn.* Antiq. Roman. lib. 1, cap. 40.

poser, je penche à croire que c'est celui de Dictys qui en est le dépositaire.

Jusqu'à la prise du Palladium, dit l'Ecrivain de Crète (b), Enée & Anténor avaient mis quelque zèle dans la défense de la patrie. L'ambassade que leur confia Priam, fut l'écueil de leur vertu. Les Grecs promirent à Anténor la moitié des trésors de Priam, & sa couronne pour un de ses fils; quant à Enée qui se berçait sans doute de l'idée de fonder une nouvelle Monarchie, il se contenta de l'assurance de jouir d'une partie du butin, & de voir ses vastes possessions respectées par les Conquérans. A ce prix, les Princes Troyens signèrent le désastre de Troye.

Les deux traîtres, de retour dans la Ville, y apportèrent un traité chimérique, fait pour endormir la crédulité de leurs Concitoyens. Priam, en vertu de cet acte sacré, indemnise par une somme d'argent considérable les Grecs des frais

---

(a) *Dictys Cretent.* lib. 1-2-3-4 & 5. passim.

de la guerre, & ceux-ci promettent de retourner dans le Péloponèſe.

Dans l'intervalle, les perfides Plénipotentiaires, de concert avec les ennemis, font conſtruire hors de la Ville une machine de guerre, faite en forme de cheval, & pouvant renfermer dans ſes flancs un grand nombre de Guerriers. Le prétexte du ſtratagême était de remplacer le Palladium que les Grecs avaient enlevé. Comme la hauteur de ce coloſſe ſurpaſſait celle des portes, on abattit, pour le faire entrer, un pan des murailles, & enfin, à force de bras, on l'amena au centre de la Ville & en face du Palais des Rois.

La trame d'Enée & d'Anténor ainſi ourdie, les Grecs feignent d'équiper leur flotte pour le départ; ils mettent le feu à leurs tentes, & ſe retirent vers le promontoire Sigée, comme pour épier le moment de mettre à la voile.

Les Troyens, qui ſe croient délivrés à jamais de leurs ennemis, ſe livrent à une joie insensée, & aux désordres inséparables, chez le peuple, de cette joie tumultueuse; mais, au milieu de la nuit, la trahison se consomme; les Grecs entrent dans la Ville par la brèche qu'on avait faite, pour introduire le cheval dédié à Minerve; les Guerriers qui étaient cachés dans les flancs de l'énorme machine, en sortent pour se réunir aux cohortes d'Agamemnon, & Troye est abandonnée au pillage.

Dictys observe que lorsque le feu eut dévoré les édifices de cette ville infortunée, on ne vit debout que les deux palais d'Enée & d'Anténor: c'est qu'on y avait mis des corps-de-garde pour arrêter la communication de l'incendie. Ainsi, les Grecs, plus fidèles à leurs engagemens que des brigands ne le sont d'ordinaire à l'égard de leurs complices, conservèrent aux hommes vils qui leur avaient vendu leur patrie, le prix déshonorant de leur perfidie.

Enée, après la retraite des Grecs, partagea avec Anténor le droit de régner sur des déserts; mais il n'y a point d'amitié entre des traîtres. Chacun d'eux voulut bientôt gouverner seul. Anténor, qui se trouva le plus faible, céda à son rival; & quittant pour jamais l'Asie Mineure, vint à la tête d'une peuplade de Troyens & d'Hénètes, fonder Venise dans les lagunes de la mer Adriatique.

Pour Enée, la même contradiction qui règne entre les Historiens, sur l'idée qu'on doit se former de sa personne, règne aussi sur son voyage en Italie.

Le savant Bochart, l'homme du siècle dernier le plus fait pour opposer son autorité à celle des Anciens, a fait une dissertation pour démontrer qu'Enée n'était jamais sorti de la Troade; que sa postérité y régnait encore des temps d'Homère, & que ce Prince y fut enterré : son sentiment n'est point un tissu de vaines conjectures : il cite des Ecrivains de la plus haute antiquité (*a*); il pèse l'opinion de ses adver-

(*a*) Outre le témoignage de Strabon, lib. 13,

ſaires; &, après tous ces préliminaires, il fait parler la raiſon.

Il eſt certain que ce n'eſt que pluſieurs ſiècles après la mort d'Enée, qu'on a commencé à ſuppoſer qu'il était venu fonder Lavinium; qu'Albe avait été bâtie par ſon fils, & Rome par ſes ſucceſſeurs. Encore eſt-il aiſé de voir, par le récit de ces Auteurs, que ce paradoxe fut l'ouvrage de la ſuperſtition des Prêtres, qui voulurent couvrir d'un voile ſacré le berceau de Rome, pour le rendre plus reſpectable. Toute l'expédition du héros Troyen eſt accompagnée de merveilles: on s'embarque ſur la foi des ſonges; on bâtit les villes pour accomplir les oracles: des ſpectres ſe promènent dans le camp: Jupiter, dans un temps ſerein, fait entendre ſon ton-

---

on peut alléguer encore l'autorité d'Acuſilas, Hiſtorien antérieur à tous ceux de la Grèce, & dont on trouve un fragment dans les Scholies de Didyme ſur le vers 307 du vingtième livre de l'Iliade.

nerre, & les vaiſſeaux de la flotte ſont métamorphoſés en Naïades.

Bochart expoſe encore d'autres doutes (*a*). Comment ſe peut-il, dit ce Critique, que le pieux Enée, pénétrant au Latium, n'y ait point porté la religion de ſes pères, & ſur-tout le culte de Vénus? Quoi, un Peuple ſubjugué qui recevait des Rois de ſes maîtres, refuſait de reconnaître ſes Dieux!

L'objection tirée de la langue eſt encore plus forte. Lorſque les Phocéens abordèrent à Marſeille, ils apportèrent, dans cette République, des mots grecs qui s'y naturaliſèrent. Il n'en eſt pas de même des compagnons d'Enée. Varron, qui a fait les origines de la langue latine, n'en rapporte pas un mot au dialecte Phrygien; & puiſqu'il ne reſte, dans la langue des vaincus, aucune trace de celle des vain-

(*a*) Voyez ſa Diſſertation à la tête de la verſion de l'Enéïde, par Segrais.

queurs, on peut élever des doutes légitimes, même ſur la victoire.

Il réſulte de cette ſérie de faits & de raiſonnemens, qu'Enée, comme Dictys de Crète le fait entendre, après avoir chaſſé de l'Aſie Mineure Anténor, le complice de ſa trahiſon, établit ſa réſidence dans Dardanie, & mourut à Bérécynthe, non loin de cette Troye, qu'il n'eut jamais le courage de relever. Il ſemble même démontré qu'au ſiècle d'Homère la poſtérité de ce Prince règnait encore dans la Troade (*a*). Ce réſultat eſt un peu contradictoire avec la tradition poétique, qui fait ſortir Enée de Troye embrâſée, portant Anchiſe & ſes Dieux ſur ſes épaules, afin d'aller fonder un royaume en Italie. Mais nous n'avons point à préſenter des vers adulateurs à un Auguſte : le patriotiſme ne nous conduit point à falſifier la généalogie des Romains; nous diſons la vérité aux hommes, & il doit nous

(*a*) *Iliad.* lib. 20, *Hymn. in Vener.*

être permis d'avoir une autre opinion que celle de l'auteur de l'Enéïde.

Cependant, ce Virgile a un tel poids parmi les gens de goût, dont l'imagination riante aime à se repaître de fictions; Tite-Live, qui a adopté son opinion, est si éloquent, lors même qu'il n'est pas vrai, qu'on ne nous pardonnerait pas dans une histoire des antiquités romaines, d'avoir passé sous silence le roman du voyage d'Enée en Italie!

Enée, nous dit-on en vers harmonieux, libre malgré les destructeurs de Troye, passa l'Hellespont & débarqua en Thrace; il employa une partie de l'été à cotoyer la Grèce, &, à la fin de l'année, il arriva en Sicile, & prit terre auprès de Drépane.

Cette isle possédait dans son sein une Colonie Troyenne, dont Egeste était le Chef, & qu'un concours d'évènemens extraordinaires y avait amenée. Le récit mérite de trouver ici sa place : Laomédon, père de Priam, le Néron des Troyens, ayant pris de l'ombrage sans raison contre un Seigneur de sa Cour, l'envoya au supplice. Ce malheureux avait plusieurs enfans : le despote fit assassiner les garçons pour prévenir leur juste vengeance ; quant aux filles, il se contenta de les remettre entre les mains de quelques Marchands étrangers, avec ordre de les transporter dans des régions assez éloignées, pour qu'il n'eût rien à craindre de leur ressentiment. Un jeune Sicilien, d'une famille illustre, qui s'était embarqué dans le vaisseau destiné à les conduire au lieu de leur exil, prit un intérêt tendre pour une de ces victimes de Laomédon, l'emmena avec lui, l'épousa, & en eut un fils nommé Egeste. A l'avènement de Priam sur le trône, Egeste eut la curiosité de voir le pays où sa mère était née ; il vint à Troye, se trouva enveloppé dans le siège, & le lendemain du désastre de cette Ville, il s'embarqua avec un petit nombre de Troyens sur trois vaisseaux grecs, échoués depuis long-temps ſur la côte, & arriva heureuſement en Sicile.

Enée, ravi de retrouver ſes compatriotes, paſſa l'hiver avec eux, & permit à ceux de ſes Soldats qui avaient droit de demander une retraite, d'augmenter la colonie; pour lui, au retour du printemps, il fit voile vers l'Italie, & débarqua près de Laurente à la tête de ſix cents hommes.

C'eſt ici que les Hiſtoriens Romains, dans la vue de fortifier les preuves de la deſcente d'Enée en Italie, l'embelliſſent de tous les prodiges qui peuvent en faire douter; ici, ce ſont les Troyens qui, pour accomplir un oracle, mangent leurs tables; là, ce ſont les Dieux pénates qui apparaiſſent à Enée, pour fixer l'emplacement d'une Ville nouvelle; bientôt après, c'eſt un quadrupède qui donne à la fois la naiſſance à trente petits, pour déſigner qu'Albe doit être bâtie dans trente ans.

Il était au reſte fort inutile de faire intervenir les oracles, les phantômes &

les prédictions des quadrupèdes, pour justifier la politique d'Enée. Si, comme on a tant lieu d'en douter, ce Prince fit voile vers l'Italie, il ſemble conſtant du moins qu'il n'y reſta que parce que les Dames Troyennes, qui ne voulaient pas être les Héroïnes d'une nouvelle Odyſſée, auſſi-tôt après leur débarquement, mirent elles-mêmes le feu à leurs vaiſſeaux.

Le Souverain du Pays où aborda la nouvelle Colonie, était Latinus : ce Prince vint tout-à-coup ſe préſenter à elle à la tête d'une armée; mais, n'oſant, avec des troupes raſſemblées à la hâte, combattre ſix cents Héros (*a*), il conclut une alliance avec les Troyens, donna ſa fille en mariage à leur Chef, & les aida à bâtir Lavinium.

(*a*) Tite-Live dit au contraire que Latinus livra une ſanglante bataille, qu'il fut défait, & qu'il reçut la paix de ſes vainqueurs. *Lib.* 1, *cap.* 1. Je ſuis ici le texte de Denys d'Halicarnaſſe.

Le crédule Denys d'Halicarnasse rapporte, au temps de la construction de Lavinium, un prodige digne de l'imagination orientale de Lockman. Le feu s'alluma de lui-même dans la forêt qui servait de retraite aux Troyens ; un loup s'amusa pendant long-temps à ramasser du bois avec sa gueule, & à le jetter dans le brâsier pour l'entretenir ; pendant ce temps-là, un aigle, en agitant ses aîles, attisait l'incendie ; mais un renard plus prudent allait mouiller sa queue dans un fleuve voisin, & la secouait sur le feu afin de l'éteindre. La victoire, comme on s'en doute bien, ne resta pas au renard, & une partie de la forêt fut embrâsée. Enée fut, dit-on, témoin de cette merveille, & il prédit alors que la Colonie Troyenne étendrait sa gloire dans toute la terre ; que les Peuples jaloux chercheraient à lui nuire, mais que tôt ou tard, avec le secours des Dieux, ils seraient subjugués. On voit que, dans cet apologue, le feu est la Puissance Romaine qui menace de

BIBLIOTHÈQUE ROYALE

tout engloutir ; le renard repréſente les Nations rivales, & le loup avec l'aigle ſont l'emblême des Dieux. Si ce conte eſt l'ouvrage de la politique d'Enée, il vaut bien le trait du pigeon de Mahomet & celui de la biche de Sertorius.

Latinus, en accordant Lavinie à Enée, ſe rendit coupable envers Turnus, ſon neveu, avec qui il avait d'abord contracté des engagemens. Celui-ci, plein de reſſentiment contre le Roi & contre ſon rival, ſouleva contr'eux les Rutules. On entra de part & d'autre en campagne ; la bataille ſe livra ; Latinus & Turnus y furent tués, & Enée devint Roi en Italie.

Ce Prince (diſent les Hiſtoriens ſuſpects de Rome primitive, car ici Virgile nous quitte) ſe voyant à la tête de deux Nations rivales, prévint leurs diſſentions en les rapprochant par des mariages, en les gouvernant avec les mêmes loix, & en les réuniſſant ſous le nom de Latins. Mézence, Roi des Tyrhéniens, ne put voir cette révolution, ſans en concevoir de l'ombrage : il fit une ligue avec les Rutules qui ſe croyaient plus humiliés que vaincus, & marcha pour faire le ſiège de Lavinium, à la tête d'une puiſſante armée. Les ennemis ſe rencontrerent ; on livra un grand combat, où il y eut beaucoup de ſang répandu, & dont chacun des deux partis s'attribua l'avantage. Cependant il eſt probable que ce furent les Confédérés qui remportèrent la victoire, car Enée y perdit la vie.

Ce ne fut que le lendemain de l'action, que les Latins s'apperçurent de la mort de leur Roi ; ils cherchèrent en vain ſon corps ſur le champ de bataille. Il eſt probable, comme le font entendre les Hiſtoriens les moins enthouſiaſtes, qu'il tomba, en ſe retirant, dans le fleuve Numicius, & qu'il y fut noyé.

Une pareille mort était peu digne du Fondateur d'un grand Empire : auſſi les Ecrivains, qui ont voulu prolonger le dénouement de l'Enéide, ont recours aux prodiges pour illuſtrer la fin de ſa carrière. A les en croire, Enée, dans le combat, fut enlevé au Ciel en préſence de ſon fils qui ne manqua pas de l'atteſter à toute l'armée. Les Latins auraient peut-être été plus flattés de la victoire que de cette apothéoſe.

Enée, dans ce roman hiſtorique, avait régné quatre ans ſur les Latins (*a*). On lui érigea un monument ſur les bords du Numicius, avec cette inſcription: *au Père de la Patrie, à la Divinité qui règle le cours de ce fleuve.* On vient de voir que ce Dieu qui réglait le cours du Numicius, s'y était laiſſé noyer.

Tel eſt le roman avec lequel Virgile & les Hiſtoriens, ſes Diſciples, ont lié les annales de Rome avec celles de Troye. Quoique, par les invraiſemblances dont il fourmille, il ſoit bien peu fait pour ſoutenir le grand jour de la philoſophie, cependant, à cauſe de ſa célébrité, on

---

(*a*) *Aurel. Vict.* cap. 15.

n'a pu ſe diſpenſer d'en parler ici; comme dans une hiſtoire grecque, il faut bien parler des Gorgones au chapitre de Perſée, & de la Chimère à celui de Bellérophon.

FONDATION
D'ALBE.

Enée étant mort dans la Troade, on ignore si son fils lui succéda, où si, pour se dérober à l'indignation de toute l'Asie Mineure, laissant à quelque Prince de son sang les Etats qu'il devait à la perfidie de son père, il vint en Italie fonder une ville d'Albe, pour procurer aux Princes de sa dynastie un trône plus à l'abri des révolutions. Dans ce silence de l'histoire, nous sommes encore contraints d'analyser les Ecrivains enthousiastes d'Enée, depuis l'époque de son apothéose.

L'immortalité du héros Troyen fut si peu utile à ses Sujets, que son empire, à l'avènement de son fils, fut sur le point d'être anéanti. Ce Prince, qu'on appelloit Eurylèon, & qui prit, dans la suite, le nom d'ASCAGNE, se renferma heureusement dans les murs de Lavinium, & envoya demander la paix à Mézence : le ſuperbe Roi des Tyrhéniens voulut la donner en vainqueur; &, parmi les conditions humiliantes qu'il propoſa aux Latins, il exigea que tout le vin qu'ils recueilleraient dans leur contrée, lui ſerait apporté en tribut : tant d'ignominie rendit le courage au nouveau Roi. Il fit déclarer à Mézence qu'il allait s'enſevelir ſous les débris de ſon trône; &, pour achever de lui ôter toute eſpérance, il conſacra les vignes des Latins à Jupiter.

Les confédérés, fiers de leur ſupériorité, & convaincus que la place qu'ils aſſiégeaient ne pouvait tenir encore longtemps, ſe tenaient peu ſur leurs gardes dans leur camp. Aſcagne, inſtruit du déſordre de leur armée, fait une ſortie pendant la nuit, force les retranchemens des aſſiégeans; & après en avoir fait un grand carnage, contraint Mézence à ſouffrir que le Tibre ſerve de limites entre ſes Etats & l'Empire des Latins.

Aſcagne, tranquille au dehors, vit bientôt troubler la ſérénité de ſon règne par des troubles domeſtiques. Enée, en mourant, avait laiſſé, dit-on, Lavinie enceinte. Dans les premiers mouvemens que causèrent la mort de ce Héros, & l'ambition de Mézence, cette Princeſſe avait cherché un aſyle dans les vaſtes forêts du Latium, & avait confié ſa deſtinée à la fidélité d'un certain Tyrhène, autrefois Intendant des Bergers du Roi ſon père. Elle accoucha dans ſa retraite, & donna à ſon fils le nom de Sylvius, à cauſe des bois où il avait pris naiſſance. Cependant, les Latins allarmés de la longue abſence de Lavinie, commençaient à ſoupçonner le ſucceſſeur d'Enée de l'avoir fait mourir, pour s'aſſurer ſon trône. En vain Aſcagne prenait le ciel à témoin de ſon innocence : il eſt difficile de juſtifier les Rois des crimes qui leur ſont utiles. L'orage était donc ſur le point de fondre ſur la tête du fils d'Enée, lorſque Lavinie ſortit de ſon aſyle, & ſe préſenta dans les murs de ſa Capitale : Afcagne, reçut avec diftinction fa belle-mère; mais s'appercevant qu'elle avait plus d'afcendant que lui dans l'efprit des Peuples, il lui abandonna la ville de Lavinium, & alla bâtir, à quelque diftance, la ville d'Albe, où il établit fa réfidence (*a*).

La fituation de la nouvelle ville femblait devoir en affurer la durée; car elle était bâtie fur le penchant d'une montagne, & elle avait, à fes pieds, un lac très-large & très-profond, qui donnait la facilité à fes habitans de fe mettre à l'abri d'une irruption fubite, en inondant les campagnes : c'eft en ouvrant de pareilles éclufes que les Hollandois, dans le

(*a*) Il y a eu en Italie deux villes portant le nom d'*Albe*; mais celle que fonda la poftérité d'Enée était connue fous le nom d'*Albe la Longue*, parce qu'elle s'étendait en longueur fur la montagne où elle était fituée. Les habitans de celle-ci fe nommaient *Albani*, & les autres *Albenfes*. Voyez Varron, *de linguâ latinâ*, lib. 7, pag. 91.

ſiècle dernier, ont bravé des armées victorieuſes qui voulaient les punir de s'être créée une patrie, malgré l'Inquiſition, l'Océan, & la tyrannie des Rois d'Eſpagne.

Le ſiècle du fondateur d'Albe était celui des prodiges : auſſi ne manqua-t-on pas d'obſerver, pendant qu'on élevait les fondemens de cette ville, que les Dieux Pénates qu'Enée avait apportés de la Troade, & qu'on avait renfermés dans un temple d'Albe, s'échappèrent deux fois pendant la nuit, & allèrent d'eux-mêmes ſe placer à Lavinium, ſur leurs anciens piédeſtaux : Aſcagne eut la politique de ne point pénétrer l'artifice des Prêtres ; il laiſſa les Dieux à Lavinium, & ſe contenta d'en tirer des hommes pour fortifier ſa Colonie.

DES ROIS D'ALBE,

JUSQU'A LA NAISSANCE DE ROMULUS.

ASCAGNE régna trente-huit ans, n'ayant pendant sa vie, lutté, pour ainsi dire, qu'avec son nom contre la gloire de son père. A sa mort, le trône d'Albe fut disputé par Iule son fils & par Sylvius son frère; mais le Peuple, qui, dans tous les pays où les loix n'ont pas étouffé la nature, a le droit de se choisir ses maîtres, décida pour le fils de Lavinie. SYLVIUS I, nommé Roi, pour consoler son rival, le revêtit du souverain Sacerdoce : c'est de cet Iule que prétendait descendre Jules-César, & Rome tremblante le crut jusqu'au moment où le dictateur fut assassiné.

Sylvius I mourut après ving-neuf ans de règne. Son fils ENÉE, ou SYLVIUS II (*a*),

(*a*) Tous les successeurs du second Roi d'Albe

lui ſuccéda, & ſon règne fut de trente-un ans. Après lui vinrent ſucceſſivement LATINUS, qui fut ſur le trône cinquante-un ans; ALBA, qui le conſerva trente-neuf; ATYS, qui gouverna vingt-ſix ans; CAPYS, vingt-huit; CAPETUS, treize; TIBERINUS, qui ne ſe vit à la tête des Latins que huit ans, & AGRIPPA, qui s'y maintint pendant quarante-un. Tous ces Rois ne firent rien, ni pour eux, ni pour leur patrie, & leurs noms obſcurs ne ſervent que de points d'appui, aux Hiſtoriens ſuſpects qui veulent lier, par la chronologie, la fondation de Rome au déſaſtre de Troye.

Romulus, ſucceſſeur d'Agrippa, fut le Caligula des Albains. Ce tyran voyant qu'il verſait impunément le ſang des hommes, crut que les Dieux dormaient dans l'Olympe; & ſe jouant du pou-

ont été ſurnommés SYLVIUS, comme on a donné à tous les Rois de l'ancienne Egypte le ſurnom de *Pharaon*.

voir de Jupiter, il imagina une machine qui imitait les feux & le bruit du tonnerre (*a*) : enfin, après avoir fatigué dix-neuf ans Albe de ſa tyrannie, il fut, dit-on, écraſé de la foudre; & quand même ſa mort n'aurait pas été l'effet de la vengeance céleſte, il ſerait encore bon que la poſtérité le crût, pour effrayer les Rois qui ſe font un jeu d'opprimer les hommes.

AVENTINUS, qui monta ſur le trône après Romulus, règna trente-ſept ans. Ce Prince n'eſt connu que pour avoir été inhumé ſur une des ſept collines de Rome, à laquelle il donna ſon nom, comme Tiberinus, un de ſes prédéceſſeurs, pour avoir

(*a*) *Dyoniſ. Halicarn.* lib. 1, cap. 15. — Si ce frénétique ſe contentait de faire frapper à ſes ſoldats de leurs épées ſur leurs boucliers, comme le dit Diodore de Sicile dans un fragment qui nous a été conſervé par l'Empereur Conſtantin Porphyrogenète, il faut avouer que l'invention ſerait bien digne d'un ſiècle de barbarie.

donné le ſien à l'Albula, où il eut le malheur de ſe noyer.

PROCAS fut ſur le trône d'Albe vingt-trois ans. Virgile appelle ce Prince la gloire des Troyens (*a*); mais c'eſt ſans doute ſur quelque tradition qui n'a pu ſe conſerver juſqu'à nous; car aucun Hiſtorien n'a tranſmis de lui, à la poſtérité, autre choſe que ſon nom.

Procas, en mourant, diſpoſa de ſes Etats en faveur de NUMITOR ſon fils aîné. AMULIUS, qui était le cadet, reſpecta peu les dernières volontés d'un père. Ce Prince ſépara en deux l'héritage de Procas : il mit Albe d'un côté, &, de l'autre, l'argent qu'on avait ſauvé du ſac de Troye, & celui qu'avaient accumulé ſes ancêtres. Numitor choiſit le royaume; mais Amulius, maître du tréſor Troyen, s'en ſervit pour acheter une armée, & bientôt après il dépoſſéda ſon rival (*a*).

(*a*) *Trojanæ gloria gentis.* Æneid. lib. 6.

(*b*) Ce trait ne ſe trouve ni dans Tite-Live,

Les crimes de l'ambition en entraînent toujours d'autres à leur ſuite : l'uſurpateur voulant régner ſans péril, je ne dis pas ſans remord, ſe propoſa d'exterminer toute la famille de ſon frère. Numitor avait un fils nommé Egeſte, qui entrait à peine dans l'âge de puberté : Amulius le ſuivit à la chaſſe, le tua de ſa propre main, & fit courir le bruit que des brigands l'avaient aſſaſſiné. Numitor, dans ſa retraite, apprit d'où le coup partait ; il s'apperçut un peu tard qu'il était le Thieſte d'un nouvel Atrée ; mais il fut réduit à gémir en ſilence, afin d'épargner à ſon frère un nouvel aſſaſſinat.

Egeſte avait une ſœur nommée Rhéa Sylvia. Le tyran ombrageux, pour l'empêcher de perpétuer une race qu'il déteſtait, la força d'entrer parmi les Veſtales ; mais c'eſt ici que l'attendait la vengeance

ni dans Denys d'Halicarnaſſe : c'eſt Plutarque qui nous l'a conſervé. Voyez *Parall. des Hom. Illuſt.* Vie de Romulus.

céleste; & le scélérat trouva sa perte dans l'artifice même qu'il avait imaginé pour l'éloigner.

La Vestale s'étant rendue un jour dans un bois consacré à Mars, pour y puiser de l'eau pure destinée au ministère des Autels, y devint enceinte. Quelques Ecrivains prétendent qu'elle y trouva un amant, que leurs cœurs s'entendirent, & que Rhéa y cessa d'être Vierge. Voilà de tous les récits le plus vraisemblable. D'autres assurent que ce fut Amulius lui-même qui, ayant déguisé sa voix & ses traits, viola sa nièce pour avoir un prétexte de la faire mourir. Ce trait, s'il était fondé, acheverait de peindre le caractère atroce d'Amulius & de tous les tyrans.

Ces deux récits, je dois l'avouer, ne sont cependant pas ceux qui ont le plus de partisans. Il en est un troisième, merveilleux à la fois & absurde, & que, par cette raison, la foule des Historiens n'a pas manqué d'adopter. On veut que Sylvia ait été violée par Mars lui-même dans le bois qui lui était consacré. Il commença, dit-on, par manifester sa Divinité, en faisant éclipser le soleil, & quand le crime fut consommé, il consola la Vestale éperdue, en lui annonçant la gloire future des enfans qu'elle ferait naître. On ajoute qu'après cette prédiction, il s'éleva dans le Ciel à sa vue, & se perdit dans les nuages.

Il est évident que ce conte des Historiens de Rome est copié en partie sur la fable grecque d'Amphytrion; au reste des Ecrivains de l'antiquité, qui avaient introduit cette dialectique dangereuse, qui rend raison de tout, justifiaient l'enfantement merveilleux de Rhéa & d'Alcmène, en supposant qu'il y avait entre Jupiter & nous des Génies extraordinaires qui, en fécondant les femmes de notre globe, produisaient les Héros & les demi-Dieux; mais, quand même la raison ne renverserait pas ce préjugé mythologique, puisque le bonheur du genre humain repoſe ſur la fidélité conjugale, la ſaine politique ſuffirait pour l'anéantir.

Cependant Amulius ne tarda pas à être inſtruit du ſacrilège de la Veſtale. Cette Princeſſe accoucha dans le Palais, de deux jumeaux ; & le Tyran, après l'avoir fait battre de verges, ordonna qu'on la conduisît au ſupplice ; pour les enfans, il décida qu'on les jetterait dans le Tibre.

La terre ſerait trop malheureuſe, ſi tous les projets de ſes oppreſſeurs pouvaient réuſſir. Les enfans de Rhéa ne ſe noyèrent pas, &, dès qu'ils purent ſe connaître, ils vengèrent à la fois leur mère & leur aïeul, Albe, le Ciel & la nature.

Depuis cette époque, le Royaume d'Albe ne tient preſque plus de place dans l'hiſtoire. Sa durée, depuis Aſcagne qui le fonda, juſqu'à Romulus, eſt de quatre cent vingt-cinq ans (*a*).

(*a*) Voici le tableau des Rois d'Albe, ſuivant

J'aurais desiré, pour faire pardonner à la sécheresse de mes recherches, m'étendre sur le génie & les mœurs des ancêtres des Romains; mais je ne trouve rien dans les Historiens, qui réponde à mon attente : en général, tous les Peuples bar-

---

les quatre principaux Ecrivains qui en ont parlé : on voit que j'ai suivi Tite-Live pour les noms, & Denys d'Halicarnasse pour la chronologie.

TIT. LIV.	OVIDE.	DEN. D'HAL.		EUSEBE.	
			Années du Règne.		
Ascagne.	Ascagne.	Ascagne	38.	Ascagne	38.
Sylvius.	Sylvius.	Sylvius	29.	Sylvius	29.
Enée.	. . . . . .	Enée	31.	Enée	31.
Latinus.	Latinus.	Latinus	51.	Latinus	50.
Alba.	Alba.	Alba	39.	Alba	39.
Atys.	Epytus.	Capetus	26.	Atys.	24.
Capys.	Capys.	Capys	28.	Capys	28.
Capetus.	Capetus.	Calpetus	13.	Calpetus	13.
Tiberinus.	Tiberinus.	Tiberinus	8.	Tiberinus	8.
Agrippa.	Romulus.	Agrippa	41.	Agrippa	40.
Romulus.	Acrota.	Alladius	19.	Romulus	19.
Aventinus.	Aventinus.	Aventinus	37.	Aventin.	37.
Procas.	Palatinus.	Procas	23.	Procas	23.
Amulius.	Amulius.	Amulius	42.	Amulius	44.

bares, ou récemment policés, semblent jettés dans le même moule. Chez eux, les qualités physiques sont tout, & le génie n'est rien : il n'y a de loi que la volonté du Despote ; les Rois ne savent que combattre, ou s'égorger ; les Grands sont des chasseurs audacieux, dont l'élément est un bois ou un champ de bataille ; pour le Peuple, il a l'éducation de l'ignorance, le culte de la superstition, & les mœurs de la nature.

Il faudrait cependant distinguer une Nation qui aurait un grand caractère ; car alors le génie perce jusques dans le berceau du corps politique. Telle fut la Ville célèbre dont on va tracer l'histoire. Au travers des mœurs agrestes & barbares de ses premiers Habitans, on voit s'échapper des traits qui n'appartiennent qu'aux ancêtres des Brutus & des Emile. Rome, après un siècle, avait déjà, à quelques égards, atteint cet état d'adolescence que les Empires ordinaires n'atteignent qu'après six cents ans, &, s'il s'était trouvé autour d'elle quelque Tacite, quelque Machiavel, ou quelque Montesquieu, il n'aurait pas attendu au détrônement des Tarquins à pressentir l'esclavage de l'Univers.

COMMENCEMENS DE ROMULUS.

PRESQUE tous les Peuples ont eu la manie d'entourer de merveilles le berceau de leurs Légiſlateurs, afin de rendre leur origine plus reſpectable (*a*) ; ils ont voulu

(*a*) Nous avons vu le poiſſon Oannes policer les Chaldéens, & le Dieu Oſiris réunir les Sauvages de l'Egypte. — Phoronée, le Légiſlateur d'Argos, croyait qu'un fleuve lui avait donné la naiſſance. *Pauſan.* lib. 2, pag. 112. Cécrops, qui fonda Athènes, était, ſuivant une tradition, moitié homme & moitié ſerpent. *Ariſtoph.* Coméd. *des Guêpes*. Amphion bâtit Thèbes en jouant de ſa lyre. *Palæph.* pag 55. La Grande-Bretagne fut, dans ſon origine, peuplée de Briarées & d'Encelades. *Hiſt. de Rapin Thoyras*, tom. 2, pag. 5. Les Mexicains ſe croyaient iſſus de Vitziliputzili, & les Yncas du Pérou, fils du Soleil, &c. Tant que ces Peuples ont été barbares, perſonne n'a oſé examiner ces faits ; enſuite quand le règne de la raiſon eſt arrivé, leur antiquité leur a encore tenu lieu long-temps de vérité.

lier l'hiſtoire du Ciel à celle de la Terre, pour appuyer l'une par l'autre, & ils n'ont réuſſi qu'à faire douter de toutes deux.

Des critiques qui ont vu que la machine des anciens Gouvernemens n'était conſtruite qu'avec la baguette d'Armide, ont pouſſé encore plus loin leur ſcepticiſme; ils ont effacé de l'eſpèce humaine, les Légiſlateurs qui ne faiſaient des choſes ordinaires, qu'en accumulant les prodiges. On a nié l'exiſtence d'Armide, après avoir nié celle de la baguette.

Il faut être juſte. Sammonocodom ne s'eſt pas métamorphoſé vingt-ſix fois; Mahomet n'a pas caché la lune dans un pan de ſon habit; un Dieu n'a pas violé une Veſtale, pour donner naiſſance à Romulus; mais il eſt hors de doute auſſi que Sammonocodom a policé les Siamois, que Mahomet, avec ſon épée & ſon Koran, a changé la face de la moitié du globe, & que Rome a été fondée par Romulus.

Quelqu'abſurdes que ſoient les fables

qui environnent le berceau de Rome, j'en dois même le récit à mes Lecteurs; elles servent à faire connaître le génie du Peuple qui les invente, & celui de l'Ecrivain qui les adopte. Pourvu que je sois court, & que je ne cherche pas à les autoriser, je ne crois pas, en les transcrivant, dégrader la majesté de l'histoire.

On est très-peu d'accord sur les premiers événemens de la vie de Romulus. Des Historiens l'ont fait fils d'Enée (*a*); Promathion, cité par Plutarque (*b*), lui donne un Roi d'Albe, nommé Tarchetius, pour père, & raconte ainsi l'aventure. On honorait dans une partie de l'Italie l'infâme Dieu Phallus; un jour sa figure parut au milieu du Palais, & l'oracle ayant été consulté sur cette merveille, répondit qu'il fallait livrer une

(*a*) Fragment du septième livre de Diodore de Sicile, conservé par Georges le Syncelle, page 194.

(*b*) Vit. Romul.

Vierge à ſes embraſſemens, parce que le fils qui en naîtrait, deviendrait la gloire de l'Italie. Le crédule Tarchetius ordonna alors à une de ſes filles d'exécuter l'oracle; mais la Princeſſe, qui voulut accorder la ſuperſtition & la pudeur, envoya à ſa place une fille de ſa ſuite. Le Roi l'apprit, &, dans ſa fureur, il les condamna toutes deux au ſupplice. Un prodige avait cauſé leur malheur; un ſonge du tyran les ſauva. La fille qui s'était proſtituée, accoucha dans ſa priſon, & le fruit de ſon crime diviniſé fut Romulus.

De toutes ces fables, la plus vraiſemblable eſt celle qu'on appuye ſur l'ambition jalouſe d'Amulius. On a vu à l'article des Rois d'Albe, que la Veſtale Rhéa-Sylvia ayant donné naiſſance à deux jumeaux, déclara que cette poſterité illégitime était le fruit de ſon union avec Mars; ſoit qu'elle eût été trompée par un impoſteur, ſoit qu'elle eût voulu annoblir ſon crime, en le partageant avec la Divinité. Le tyran, qui voyait dans ſes petits-fils les ennemis de ſa maiſon, les fit arracher des bras de leur mère, & ordonna qu'on les précipitât dans le Tibre.

Par un haſard ſingulier, ce fleuve, alors débordé, couvrait la plaine de ſes ondes ſtagnantes, & les Satellites d'Amulius ne purent parvenir juſqu'au courant. Le berceau flotta quelque temps ſur l'eau, & reſta enſuite à ſec, quand le Tibre ſe retira. Aux cris des enfans, une louve deſcendit des montagnes pour étancher ſa ſoif, ſe détourna de ſa route, &, au lieu de les manger, les allaita. Un pivert quitta auſſi ſes petits pour garder les demi-Dieux. Fauſtulus, Intendant des troupeaux du Roi, témoin de ce double prodige, emporta le berceau chez lui, & trompa, en élevant les deux jumeaux, la rage d'Amulius.

Ce récit mériterait quelque créance, ſans la fable de la louve & du pivert; mais les hommes ſenſés du ſiècle d'Auguſte, ont accordé le bon ſens avec la tradition, en diſant que la louve qui allaita le Fondateur de Rome, était la femme de Fauſtulus, Courtiſane célèbre, appellée la louve de l'Italie (*a*).

(*a*) *Tite-Live*, lib. 1. — Cette femme de Fauſtulus s'appelait *Laurentia*, & Plutarque raconte ſous ſon nom une hiſtoire aſſez extraordinaire. Un jour, dit ce Philoſophe, *Vit. Romul.* & *Quæſt. Roman.* le Prêtre du Temple d'Hercule s'ennuyant dans ſon ſanctuaire, propoſa au Dieu de jouer aux dez, à condition que s'il gagnait, on lui ferait un préſent conſidérable; il promit en même temps s'il perdait, de donner à Hercule un bon ſouper, & de lui faire paſſer la nuit avec une belle femme. Tout étant ainſi arrangé, il jetta d'abord le dez pour le Dieu, enſuite pour lui-même : le Dieu gagne, comme cela devait être. Alors le Prêtre va chercher la Courtiſane Laurentia, & la renferme avec le Héros diviniſé, qui avait, dit-on, rendu mères en une ſeule nuit, les cinquante filles de Theſpias. Il eſt probable que le Prêtre qui avait jetté le dez pour ſon Dieu tint auſſi ſa place à la table & dans les bras de la Courtiſane. Quoiqu'il en ſoit, Laurentia fut regardee en Italie comme une femme favoriſée du

Une prostituée était plus faite qu'une bête féroce pour servir de nourrice à Romulus.

Au reste la fable Romaine de la louve est copiée d'une fable Grecque. Zopyre de Byzance (*a*) dit que Philonome eut de Mars deux jumeaux qu'on jetta dans le fleuve Erymanthe. L'eau porta ces enfans dans le creux d'un arbre, où une louve les allaita; un berger frappé de ce prodige, prit soin de les élever, & ils devinrent Rois d'Arcadie.

Romulus & Rémus (c'est le nom des Héros de la fable Romaine) vécurent

---

Ciel, & placée, en cette qualité, au calendrier des Romains. — On fêtait au mois de décembre la Courtisane Maîtresse d'Hercule, & au mois d'août la Courtisane nourrice de Romulus.

(*a*) *Traité des Parallèles*, attribué à Plutarque. Si ce Zopyre était le Précepteur d'Alcibiade, dont Clément d'Alexandrie parle, *Strom.* pag. 169, il serait plus ancien que les premiers Historiens de Rome. — Mais au fond, que nous importe qui a menti le premier d'un Grec ou d'un Romain?

quinze

quinze ans dans la chaumière de Faustulus, sans soupçonner la noblesse de leur origine. Cependant une taille élevée, des regards pleins de feu, & sur-tout une valeur extraordinaire, trahissaient le secret de leurs bienfaiteurs, & présageaient la gloire dont ils devaient se couvrir un jour. Les jeux de leur enfance étonnaient les hommes avancés en âge; ils semblaient faire revivre aux yeux des bergers cet Hercule qui avait étouffé les couleuvres à son berceau.

A quatorze ans, les deux Princes voulurent imiter plus particulièrement ce Héros qu'ils avaient pris pour modèle. A la tête d'une troupe d'élite, ils coururent dans les montagnes attaquer les bêtes féroces dans leurs repaires, & réprimer les brigands dans leurs courses. La campagne d'Albe respira un moment, & les deux frères durent à leur valeur une considération qu'Amulius ne pouvait obtenir de son despotisme.

Il était difficile que Romulus & Rémus,

environnés de Pâtres qui se croyaient leurs égaux, ne leur fissent sentir, en les protégeant, une supériorité qui les humiliât. La jalousie éclata sur-tout chez les bergers de Numitor : les Princes les en punirent en les maltraitant ; &, pour se mettre à l'abri de leur ressentiment, ils enrôlèrent sous leurs drapeaux les pâtres vagabonds, les esclaves qui fuyaient la tyrannie de leurs maîtres, & les brigands dont ils avaient cherché auparavant à purger l'Italie. C'est avec ce ramas d'hommes vils & de voleurs, que Romulus fit dans la suite les grandes choses qui lui valurent son apothéose.

Cependant les bergers de Numitor, outrés de l'insulte qu'ils avaient reçue, ne s'endormirent pas (*a*) ; ils profitèrent de la licence des Lupercales pour satisfaire leur vengeance. Ce jour-là, les hommes dévoués au culte du Dieu Pan, parcouraient les campagnes & les Villes, tous

(*a*) *Dyon. Halicarn.* lib. 1, cap. 18.

nuds, frappant d'une baguette les femmes enceintes qui s'offraient à leurs coups. Romulus & Rémus qui cherchaient dans de vaines pratiques religieuſes à s'aveugler ſur leurs brigandages, parurent dans leur hameau, n'ayant d'autre habillement qu'une ceinture de la peau des bêtes qu'ils avaient immolées. Leurs ennemis profitèrent de cet état de faibleſſe pour fondre ſur eux à main armée. Romulus ſe déroba à leur pourſuite ; mais Rémus fut pris, enchaîné & conduit à Albe, pour expier par ſon ſupplice le crime d'avoir été plus vaillant & moins heureux que ſes vainqueurs.

RÉVOLUTION DANS ALBE.

MASSACRE D'AMULIUS.

ROMULUS, échappé au piège que ses ennemis lui avaient tendu, prend les armes, & se propose d'aller délivrer son frère : Faustulus l'arrête, & veut lui faire envisager les suites d'une démarche aussi audacieuse. Le jeune homme, qui ne soupçonnait pas qu'un jour il ne verrait, dans Rémus, qu'un rival odieux, n'écoute en ce moment que le cri de la nature, & s'élance hors des barrières qu'on oppose à son impatience : Faustulus vit bien que le moment de dévoiler son secret était arrivé : il instruisit Romulus de sa naissance, & le conjura, au nom d'Ilia sa mère, & d'Albe, qu'il devait gouverner un jour, d'attendre, pour faire éclater l'orage, qu'il ne tombât que sur la tête d'Amulius.

Pendant que la valeur du jeune Prince était enchaînée par la prudence de ses bienfaiteurs, on avait amené Rémus au Tribunal du Roi d'Albe : celui-ci voyant que l'injure regardait Numitor, lui renvoya l'accusé, & le laissa l'arbitre suprême de son sort. Le Prince détrôné emmena à l'instant la victime dans son Palais, & les Albains accoururent dans la place publique, pour être témoins de son supplice.

Numitor, pendant la route, fut frappé de l'air noble, de la figure intéressante & de la courageuse fierté du jeune captif : un mouvement de curiosité l'engagea à l'interroger sur sa naissance; & de la curiosité à l'intérêt, il n'y a qu'un pas pour les ames sensibles. « Prince, lui dit Ré-» mus, je vais m'ouvrir devant toi, car » tu es plus digne de régner que ton frère, » & tu rougirais de condamner un accusé » sans l'entendre. Mon frère & moi on » nous croit fils de Laurentia & de Faus-» tulus; mais nous sommes nés au milieu

» des merveilles ; notre berceau a été trouvé
» flottant ſur les ondes du Tibre ; une
» louve nous a allaités, & un Pivert nous
» a ſervi de gardien : une certaine fierté
» dont je ne puis me défendre, même
» dans tes chaînes, m'annonce que j'étais
» deſtiné aux grandes choſes : l'arrêt que
» tu vas prononcer décidera de la juſteſſe
» de mon preſſentiment, & je croirais
» que le ciel m'a trompé, ſi tu ordonnes
» mon ſupplice. »

Numitor était trop ému pour devenir injuſte : le voile qui cachait à ſes yeux ſon petit-fils, commençait à ſe déchirer : il lui fit ôter ſes fers, & courut dans la priſon d'Ilia, éclaircir avec la Veſtale, des ſoupçons dont ſon cœur était trop flatté, pour que ſa raiſon cherchât à les combattre.

Sur ces entrefaites, Fauſtulus empreſſé d'accélerer le dénouement de cette tragédie, apportait à Numitor le berceau de Romulus : il y avait alors aux portes d'Albe des ſentinelles, parce qu'on craignait une invasion de la part de l'ennemi. Faustulus portait son fardeau avec cette inquiétude qui décèle des projets extraordinaires : un des soldats examina avec attention le berceau ; & à la vue des lames de cuivre dont il était revêtu, & des caractères qu'on y avait empreints, & que le temps avait à demi-effacés, il se rappella que c'était le même qu'il avait autrefois exposé sur le Tibre, par l'ordre d'Amulius : aussi-tôt il arrête Faustulus, & le conduit devant le Roi.

Amulius ne démentit point son caractère : il menaça le vieillard de le faire périr dans les tourmens, s'il ne lui dévoilait un secret qui intéressait sa sûreté. Faustulus avoua que les deux jumeaux étaient en vie : mais, pour déconcerter la jalousie du tyran, il lui dit qu'ils veillaient en ce moment à la garde de leurs troupeaux dans les montagnes : il ajouta que, pour lui, il était venu porter à Ilia le berceau de ses fils, pour rassurer sa tendresse sur leur destinée. Amulius envoya, à l'inſtant, quelques-uns de ſes ſatellites dans la campagne d'Albe, afin d'arrêter les Bergers que leur indiquerait Fauſtulus: il détacha auſſi un de ſes Courtiſans, pour ſonder Numitor, & tâcher de pénétrer ſi ce Prince, inſtruit qu'il avait encore des petits-fils, voyait en eux des vengeurs.

Les précautions que prend la tyrannie tournent, d'ordinaire, à la perte des tyrans. Romulus était déjà entré dans Albe bien accompagné: il était deſcendu chez Numitor, & s'était fait reconnaître. Le vieux Prince embraſſait ſes petits-fils, lorſque l'émiſſaire d'Amulius entra. Inſtruit du ſecret de la naiſſance des enfans d'Ilia, ce Courtiſan n'eut pas le courage barbare de les ſacrifier à la ſûreté d'un tyran : il apprit à Numitor les projets d'Amulius, & tous enſemble tinrent conſeil pour hâter la révolution.

Enfin, l'inſtant arriva de punir le ſcélérat qui avait aſſaſſiné Egeſte, ordonné qu'on noyât les enfans d'Ilia, & enfanglanté, par ſes crimes, le trône d'Albe qu'il avait uſurpé. Les compagnons de Romulus ſe réunirent avec les amis de Numitor, ſe rendirent au Palais, paſſèrent au fil de l'épée les Gardes qui oſèrent ſe mettre en défenſe, & maſſacrèrent Amulius.

Numitor, à la naiſſance du tumulte, avait fait courir le bruit que l'ennemi était entré dans la ville, & attaquait le Palais. Par cet artifice il avait fait accourir la jeuneſſe d'Albe dans la citadelle pour la défendre; mais dès que ce Prince apperçut les conjurés venir au devant de lui en triomphe, portant ſur une pique la tête d'Amulius, il ſe hâta d'aſſembler le Peuple, lui expoſa les attentats de ſon frère, fit le récit des dangers auxquels le ciel avait dérobé ſes petits-fils, & termina ſon diſcours en annonçant le meurtre du tyran, dont il oſa ſe déclarer l'auteur. Les Albains, las de la ſervitude, mais retenus par la crainte d'Amulius, balançaient encore, quand Romulus & Rémus parurent dans la place publique, & proclamèrent Roi Numitor. Cette hardieſſe décida la multitude, & le nouveau Souverain fut reconnu.

Cependant la révolution était due au courage de Romulus : ce Prince crut qu'il n'était pas de ſa gloire, ni de gouverner Albe du vivant de Numitor, ni de reſter dans la ville ſans y donner des loix, & il propoſa à ſon frère de bâtir une ville, dans le lieu même où ils avaient été nourris: la politique ſans doute eut autant de part que la grandeur d'ame à ce projet. Les jeunes Princes n'avaient raſſemblé ſous leurs drapeaux que des hommes chargés de dettes, de vils eſclaves, & des criminels échappés au glaive de la loi. Les citoyens d'Albe n'auraient jamais conſenti à vivre avec eux, & il fallait à ces fugitifs un aſyle où ils puſſent ſe faire craindre, & non ſe faire connaître.

Enfin, des eſpèces de bâtards élevés par une proſtituée, & couverts du ſang de leur oncle, conduiſirent une troupe d'hommes vils & de brigands aux bords du Tibre; & voilà l'origine de cette Rome, patrie des Régulus, des Cincinnatus & des Scipion, qui a étonné la terre par cinq cents ans de gloire & de vertus.

FONDATION DE ROME.

ON peut juger si l'histoire de la louve & du pivert qui protégèrent la naissance de Romulus, est suspecte, puisqu'une foule de Critiques anciens & modernes ont répandu des nuages jusques sur la fondation de Rome (*a*) : les uns prétendent que long-temps avant, les Pélasges envoyèrent une colonie sur les bords du Tibre, & donnèrent à la ville qu'ils bâtirent le nom de Rome, pour désigner la

(*a*) On peut citer parmi les Anciens, outre Aristote & Héraclide, Salluste, *Bell. Catilin. cap.* 6, Solin, *cap.* 2, Plutarque, *Vit. Romul.* & plusieurs autres cités par Denys d'Halicarnâsse, *lib.* 1, *cap.* 16 : parmi les Modernes, Cluvier dans son *Italia* ; Beaufort, *Républ. Rom.* tom. 1, pag. 24 ; & le Savant Pelloutier, *Hist. des Celtes*, tom. 3, pag. 158 ; & *Mém. de l'Acad. de Berl.* tom. 7, ann. 1751, pag. 103.

force de ſes habitans : d'autres ſoutiennent qu'après la cataſtrophe de Troye, une flotte errante des compagnons d'Hector fut jettée, par les vents, ſur les côtes d'Italie. Une Troyenne, nommée Rome, voyant les apprêts d'un nouvel embarquement, brûla les vaiſſeaux; & ſes compagnons, forcés de ſe faire une nouvelle patrie, conſtruiſirent une ville à laquelle ils donnèrent le nom de cette Héroïne (*a*) : il y en a qui veulent que cette Rome fût fille d'Enée, & des Ecrivains non moins inſtruits aſſurent que ce fut un nommé Romus qui bâtit cette Rome primitive ; & ce Romus, on n'eſt point d'accord s'il devait ſa naiſſance à Ulyſſe, à un Roi du Latium, ou à un Emathion protégé de Diomède (*b*). Le voile s'épaiſſit encore, lorſqu'Antiochus de Syracuſe ſuppoſa trois Romes bâties l'une après l'autre, & dont

(*a*) Plutarch. *Vit. Romul.*

(*b*) *Dyoniſ. Halic.* lib. 1, cap. 16, & *Plutarch.* Vit. Romul.

il fixe les époques avant le siège de Troye, à la descente d'Enée en Italie, & après le meurtre d'Amulius (*a*). Ce n'est point après vingt-cinq siècles qu'on peut se flatter de répandre quelques lumières sur une question aussi problêmatique; & puisque les meilleurs Ecrivains de Rome font de Romulus leur fondateur, il faut supposer ce fait historique, jusqu'à ce que nous recouvrions des monumens qui substituent l'évidence aux conjectures.

Les petits-fils de Numitor conduisirent leur colonie sur les rivages du Tibre; &, avec l'aide des esclaves qu'ils avaient amenés d'Albe, ils bâtirent un hameau formé de deux rues, qui se coupaient à angles droits : ses premières fortifications furent un fossé & une enceinte de palissades : on peut comparer cette Rome naissante aux camps mobiles des modernes Tartares.

Au milieu de cet assemblage de chau-

(*a*) *Dyon. Halic.* lib. 1, cap. 16.

mières, était un Temple d'Apollon, appellé l'asyle par excellence (*a*). Tous les étrangers y étaient reçus avec distinction: on ne rendait ni l'esclave à son maître, ni le débiteur à son créancier, ni l'assassin à ses juges; ainsi s'augmenta peu à peu la population de Rome, & il était tout simple que ce fût d'une horde de brigands que naquissent les conquérans du monde.

L'époque de la fondation de Rome est presqu'aussi incertaine que les noms de ses fondateurs. Ennius la mettait huit cents soixante-dix-neuf ans avant notre ère vulgaire, & Timée de Sicile à l'an huit cents quatorze: Varron, dont le sentiment a été adopté des meilleurs Chronologistes, la place l'an sept cents cinquante-quatre, & sa supputation ne recule que de deux ans celle de Denys d'Halicarnasse, & d'un an celle des marbres du Capitole. Polybe

(*a*) Plutarque appelle ce Temple, le Temple du Dieu Azile. *Vit. Romul.* Ce Dieu là est inconnu dans l'ancienne Mythologie.

croyait avoir des raiſons pour rapprocher cette époque à l'an ſept cents cinquante-un ; le Poëte Auſone à l'an ſept cents trente-ſix, & l'ancien Hiſtorien Cincius juſqu'à l'an ſept cents vingt-neuf : voilà donc une différence de cent cinquante ans entre le calcul de Cincius & celui d'Ennius, & c'eſt à-peu-près tout le fruit qu'on retire de la peine qu'on prend à défricher cette partie des landes de la chronologie.

Ce calcul même de Varron, que toute la République des Lettres ſemble avoir adopté, n'eſt fondé que ſur une eſpèce de centurie de Noſtradamus. Varron, dit le ſage Plutarque, était ami intime de Tarrutius, homme curieux, qui, par le moyen des tables aſtronomiques, tirait des horoſcopes : il lui propoſa de trouver le jour & l'heure de la naiſſance de Romulus par les règles de ſon art; car il lui ſemblait bien plus aiſé de lire dans le Ciel ce qui a été, que ce qui n'eſt pas encore. L'Aſtronome fit ſon thême, & prononça hardiment que Romulus avait été conçu la première année de la seconde Olympiade, le 23 décembre, vers la troisième heure du jour, au moment d'une éclipse totale du soleil. Ainsi il avait dix-huit ans en 754, quand il fonda Rome. Malheureusement la raison s'oppose à la construction d'une ville faite par un Héros de dix-huit ans, & l'éclipse est niée par nos Astronomes.

Ces observations nous déterminent à adopter, pour la chronologie Romaine, l'ère des fastes du Capitole.

ASSASSINAT
DE REMUS.

Il était difficile que deux Guerriers, élevés dans le brigandage, qui ne connaiſſaient de loix que leur caprice, & de droit que leur épée, puſſent vivre long-temps ſans diſcorde. L'ambition de régner, long-temps fatale à leur maiſon, éclata bientôt, & eut pour principe quelques légers différens, qui ſe terminèrent par une ſanglante tragédie. Romulus & Rémus étaient jumeaux; & comme le droit d'aîneſſe ne pouvait établir entr'eux aucune ſupériorité, ils étaient convenus de conſulter, par la voie des augures, les Dieux tutélaires de la contrée, pour ſavoir lequel des deux donnerait ſon nom à la nouvelle ville & en ſerait déclaré Roi. Romulus choiſit, pour obſerver le Ciel, le Mont Palatin, & Rémus le Mont Aventin. Le dernier, dit-on, découvrit d'abord ſix vautours; mais à peine en allait-il faire part à ceux qui l'environnaient, que ſon frère en apperçut douze. La ſuite de ces Princes leur déféra alors à tous deux la royauté : à l'un, parce qu'il avait vu le premier les oiſeaux ſacrés; & à l'autre, parce qu'il en avait apperçu un plus grand nombre. Cette proclamation était le ſignal d'un combat. Les vautours de Rome naiſſante deſcendirent dans la plaine pour ſe déchirer.

Au fort de la mêlée, Fauſtulus, qui avait tenu lieu dix-huit ans de père aux deux Princes, ſe jetta ſans armes entre les combattans pour les ſéparer; mais ce n'eſt pas à la reconnaiſſance à parler dans des cœurs féroces, plus haut que la Nature. Romulus & Rémus ne voulaient point de conciliation, & le médiateur fut tué.

Il eſt probable que l'avantage, dans cette bataille, reſta à Romulus. Il en profita pour donner ſes loix impérieuſes à la colonie. Le premier acte de ſon Gouvernement fut d'élever des remparts autour de la ville, pour la sûreté des habitans. Cependant Rémus ne pouvait pardonner à son frère la supériorité que lui donnait ses douze vautours & sa victoire : pendant qu'on creusait les fondemens des murs, il vint insulter les travailleurs, & pour leur reprocher la faiblesse de leur ouvrage, il franchit d'un saut le fossé : Romulus indigné s'élance sur son frère l'épée à la main, & le perce en disant : *Ainsi périsse le téméraire qui osera l'imiter !*

Cet assassinat a été justifié par Machiavel, & le cœur de l'homme de bien s'indigne d'être obligé de le réfuter. *La raison*, dit cet Oracle des Tyrans, *ne saurait blâmer un Législateur d'une action extraordinaire qu'il aura faite pour fonder un Empire : la mort de Rémus fut salutaire à Rome naissante, & la violence ne rend pas coupable celui qui en use pour régler un Gouvernement, mais seulement celui qui l'emploie pour le détruire* (*a*).

(*a*) Disc. Politiq. sur Tite-Live, lib. 1, chap. 9.

Quoi, il y a des crimes néceſſaires pour la fondation d'un Empire ! — Eh ! qu'ai-je beſoin de tes inſtitutions ſociales, s'il faut que tu les cimentes de mon ſang ? N'étais-je pas plus heureux dans un bois avec mon ignorance, mes mœurs douces, & l'inſtinct ſacré de la Nature ?

En quoi la mort de Rémus fut-elle ſalutaire à Rome naiſſante ? était-il utile à la colonie que la première action de ſon Deſpote fut un fratricide ?

Que ſignifie le mot de *légitime* uni à celui de *violence*, quand il s'agit de régler un Gouvernement ? Si l'attentat de Romulus ne le rend pas coupable, je ne vois pas pourquoi la poſtérité a flétri, pour leurs parricides, la mémoire des Néron & des Aurengzeb.

Dans un Gouvernement fondé ſur les mœurs, tout acte de violence eſt un crime ; & tout homme qui perce un Citoyen de ſon épée, ſans la tenir de la loi, eſt un aſſaſſin digne du ſupplice.

*

ROMULUS

EST ÉLU ROI DE ROME.

ROMULUS devenu, par l'aſſaſſinat de ſon frère, ſeul Chef de la Colonie, eut le bon eſprit de chercher à ramener par un ſage Gouvernement les cœurs qu'il avait aliénés par ſa férocité. Après avoir donné ſon nom à la Ville, il en conſerva les remparts, ſuivant les cérémonies ſuperſtitieuſes en uſage dans l'ancienne Etrurie. Ce jour qui tombait le 27 Avril, devint dans la ſuite une Fête ſolemnelle pour les Romains, & on n'y ſacrifia pendant long-temps aucune victime vivante (*a*); faible ſatisfaction faite aux mânes de Rémus par ſa pacifique poſtérité.

(*a*) *Plutarch.* Vit. Rom. Cette fête s'appellait *Palilia*, & on dérive ce mot de *Partus Iliæ*, (l'enfantement d'Ilia.) *Solin.* cap. 2.

Rome d'abord ne fut pas une puiſſance plus formidable que Monaco où la République de Saint-Marin : l'enceinte de la Ville ne s'étendait pas au-delà du mont Palatin. C'était une eſpèce de camp de Flibuſtiers, où l'on mettait en dépôt les gerbes de bled, & les femmes qu'on enlevait à ſes voiſins. Ce qu'on appellait le Palais de Romulus, était une cabane conſtruite de joncs & couverte de chaume (*a*). Ce monument, peut-être à cauſe de ſa groſſièreté, échappa à Brennus & aux guerres civiles; & les Romains ſe firent toujours un point de religion de n'employer que le jonc & le chaume pour en réparer les ruines. Un incendie le détruiſit ſous Auguſte.

La population de Rome entière ne montait, à cette époque, qu'à trois mille hommes de pied & à trois cents chevaux (*b*). Avec de pareilles forces, un

(*a*) *Valer. Maxim.* lib. 1.

(*b*) *Dyon. Halicarn.* lib. 2, cap. 1.

Etat Militaire ne peut fubfifter que dans une obfcurité profonde, quand même tous fes Citoyens feraient des Guerriers pareils aux Héros des Thermopyles.

Cependant Romulus tranquille dans fon defpotifme, tant qu'il put occuper fa Colonie à d'utiles travaux, craignit que fes Ouvriers redevenus foldats, ne fe fouvinffent de la mort de Rémus. Réfolu à légitimer fon pouvoir, & à mettre un frein à l'ambition de tout Citoyen qui oferait l'imiter, il affembla la Colonie; & les Romains du fiècle d'Augufte le font parler ainfi:

« Si la force d'une Ville confiftait dans » la hauteur de fes remparts, celle que » nous venons de bâtir, deviendrait la » proie du premier Conquérant qui vou- » drait s'en emparer. Ces fragiles forti- » fications ne fauraient encore mettre le » Citoyen en sûreté, fi le feu des dif- » fentions civiles venait à troubler fon » repos. Non, mes amis, ce ne font pas » des murs, ce font des hommes qui

» nous ſont néceſſaires pour nous créer
» une nouvelle patrie; mais ces hommes,
» c'eſt à un Gouvernement ſage & éclairé
» à les mettre en place. Juſqu'ici vous
» n'avez obéi qu'à vous-mêmes, & j'ai
» paru à votre tête moins pour vous régir
» que pour vous encourager. Il eſt temps
» de faire ceſſer cette eſpèce d'anarchie:
» choiſiſſez le Gouvernement qui peut
» vous rendre heureux. Albe vous offre
» ſes Rois, & la Grèce ſes Républiques.
» Quelques ſoient les inſtitutions que vous
» adoptiez, je ſuis prêt à les confirmer
» de mon ſuffrage. Digne peut-être de
» vous commander, j'aurai, s'il le faut,
» le courage d'obéir; trop heureux d'avoir
» été Chef un moment d'une Colonie de
» Héros, & de donner mon nom à une
» Ville à qui les Dieux ont promis l'em-
» pire de l'Univers »!

Le Peuple ne balança ni ſur la préférence de la Monarchie, ni ſur le choix du Monarque; il ne ſoupçonnait pas qu'en confiant à Romulus le pouvoir arbitraire, il préparait de loin la tyrannie des Tarquins ; il était encore trop barbare pour savoir être libre.

Romulus fut donc proclamé Roi de Rome. Avant d'accepter le trône, il consulta les auspices ; & , comme il était le Pontife de la Colonie, on se doute bien qu'ils furent favorables : un éclair qui partit de gauche à droite, annonça, suivant les Historiens-Poëtes, l'approbation de Jupiter.

Cet usage de consulter les auspices, consacré par le Législateur de Rome pour les grandes entreprises, se maintint pendant sept cents ans. Dès qu'on avait besoin d'élire un Magistrat, de bâtir un édifice, ou de lever une armée, les Prêtres ne manquaient pas d'aller voir si les poulets sacrés mangeaient, ou si, dans un temps d'orage, les éclairs partaient dans la direction favorable. Le crédule Denys d'Halicarnasse observe même que c'est pour avoir dédaigné ces présages, que Crassus, le Triumvir, fut défait par les

Parthes (*a*); remarque aſſez extraordinaire dans un ſiècle où on poſſédait le traité de Cicéron ſur la nature des Dieux, & le poëme de Lucrèce.

L'adroit Romulus, bien perſuadé que les loix qu'il allait donner à ſes Sujets, ne deviendraient reſpectables, qu'autant qu'il en impoſerait lui-même à un Peuple groſſier, par la pompe de la Majeſté Souveraine, inventa des marques diſtinctives pour ſa perſonne, & ſe choiſit douze Gardes ſous le nom de Licteurs (*b*). Ces Satellites du nouveau Roi portaient des

(*a*) *Antiq. Rom.* lib. 2, cap. 3.

(*b*) Ce mot dérive de *ligare*, parce le Licteur liait ſoit les faiſceaux, ſoit les criminels qu'il devait exécuter. Le nombre fut fixé à douze, peut-être à cauſe des douze vautours qui avaient annoncé la grandeur de Romulus, ſoit pour rappeller les Lucumonies. On ſait que les douze Peuples, dont la confédération Etrurienne était primitivement compoſée, proclamaient un Roi en commun, & lui fourniſſaient chacun un licteur. Ce dernier ſentiment eſt celui qu'adopte Tite-Live, *prem. décad.* lib. 1.

haches pour exécuter les criminels, & des faisceaux pour désigner le pouvoir Souverain.

PREMIER GOUVERNEMENT DE ROME.

INSTITUTIONS SOCIALES.

LORSQUE Romulus conduisit sa Colonie sur les bords du Tibre, il n'y avait d'autre inégalité entre ses membres que celle que fait naître la force physique & une audace heureuse dans le brigandage. Il doit y avoir d'autres distinctions dans un Etat policé; & le Législateur de Rome eut la prudence de les admettre, pour multiplier les barrières entre le trône & les rebelles.

Il partagea d'abord sa Colonie en trois Corps, sous le nom de Tribus; il divisa ensuite chaque Tribu en dix Curies. Leurs Chefs n'eurent d'autres titres que celui de Tribuns & de Curions.

De ce premier partage qui ne regardait que la masse physique de la Nation, il passa à un autre, dont les distinctions sociales furent la base. Les Citoyens qui eurent de la naissance, un mérite supérieur ou de grandes richesses, formèrent, sous le nom de Patriciens, le Corps de la Noblesse; on confondit sous celui de Plébéiens le reste de la multitude.

Le titre de Patriciens fut, dit-on, donné aux Membres les plus distingués de la Colonie, parce qu'il n'y avait qu'eux qui pussent s'honorer du nom de leurs pères: les autres, fils d'esclaves ou d'hommes flétris par la société, ne pouvaient s'illustrer qu'en se faisant les premiers de leur race. C'est de cette foule obscure & sans aveu, que Romulus disait qu'il lui était sorti des hommes du sein de la terre (*a*). Ces enfans de la terre, comme les Titans d'Hésiode, devinrent dans la suite des colosses qui foulèrent l'univers.

(*b*) *Tit. Liv.* lib. I.

Le Légiſlateur obligé de mettre une barrière entre la Nobleſſe & le Peuple, chercha, par des inſtitutions politiques, à rapprocher ces deux Corps, dont la diſcorde pouvait entraîner la ruine de la Monarchie ; il permit à chaque Plébéien de ſe choiſir un Patricien pour protecteur. Cet uſage venait originairement de la Grèce ; car les Nobles d'Athênes avaient leurs Thetes, & les Grands de la Theſſalie leurs Peneſtes ; mais Romulus ne prit de l'inſtitution que ce que le génie y avait mis, & laiſſa tout ce que les paſſions humaines y avaient ajouté. Le patronage chez les Grecs, comme dans notre Pologne moderne, n'était autre choſe que la tyrannie conſacrée par la loi. A Rome, ce fut un uſage plein de ſageſſe qui fit diſparaître une inégalité odieuſe, mais néceſſaire, & qui conſerva l'harmonie entre toutes les parties du Corps politique, en les enchaînant l'une à l'autre par une mutuelle dépendance.

Le Patricien était obligé d'éclairer ſes

Cliens dans les matières de la Juriſprudence, de les défendre contre d'injuſtes agreſſeurs, & de leur procurer la tranquillité, ſoit civile, ſoit domeſtique, que tout enfant doit tenir d'un bon père, & tout Sujet d'un bon Gouvernement.

Le Client, de ſon côté, était tenu de contribuer à la dot des filles de ſon protecteur, en cas d'une indigence honorable; de payer ſa rançon & celle de ſes enfans, ſi l'ennemi les faiſait priſonniers, & de lui faciliter toutes les voies légitimes de s'élever aux Magiſtratures.

L'inſtitution du patronage fit dans la ſuite tant de biens à Rome République, qu'on vit des Nations entières ſe mettre ſous la protection des Patriciens. Les Inſulaires de Sicile eurent pour Patrons les deſcendans de Marcellus, le vainqueur de Syracuſe; Caton protégeait l'iſle de Chypre & les Rois Déjotare & Ariobarzane; les Claudius avaient pour Cliens les Citoyens de Lacédémone, & la famille Fabienne, les Allobroges. C'eſt bien alors

que

que les Romains méritèrent le titre de Peuple-Roi.

Romulus, en donnant une forme ſtable au Gouvernement, n'oublia pas que, la guerre étant l'élément de ſes Sujets, il ne fallait pas que les arts paiſibles & ſédentaires énervaſſent inſenſiblement leur courage : il défendit donc d'y employer d'autres perſonnes que des étrangers ou des eſclaves, &, s'il toléra l'agriculture, ce ne fut que comme un exercice laborieux qui diſpoſait aux fatigues de la guerre, & prévenait l'inertie des organes. Dans ce ſyſtême, il partagea également aux trente Curies le petit territoire de Rome : il n'en réſerva que ce qui était néceſſaire pour l'entretien des Temples & la dignité de ſa maiſon. Cette partie réſervée devint le domaine des Rois.

Tous les Citoyens primitivement étaient ſoldats ; mais, dans une Ville naiſſante, dont les ſuccès devaient exciter la jalouſie des peuples voiſins, il fallait un Corps ſpécialement prépoſé à la défenſe de l'Etat.

A cet effet, Romulus choisit trois cents hommes distingués par leur naissance & par leur bravoure, à qui il donna le nom de *Célères*, pour désigner la célérité avec laquelle ils devaient exécuter ses ordres; ils combattaient à pied & à cheval, & formaient aux Rois trois Compagnies de Gardes du Corps. Telle fut l'origine des Chevaliers, espèce d'Ordre intermédiaire entre le Sénat & le Peuple, qui servit, avec l'institution du Patronage, à faire disparaître l'intervalle entre deux Corps de Citoyens originairement égaux par le brigandage.

Les Chevaliers Romains avaient pour marque de distinction un cheval que l'Etat leur entretenait, un anneau d'or, la veste bordée d'un galon de pourpre étroit, nommé *Angusticlave* (*a*), & des places

(*a*) Je suis tenté de croire cependant que la plupart des marques distinctives de l'ordre des Chevaliers & de celui des Sénateurs, ne remontaient pas jusqu'à Romulus. Assurément on ne s'habillait pas de pourpre, chez un Peuple à

distinguées au théatre, dès que Rome, dégoûtée des tréteaux de ses farceurs d'Etrurie, s'avisa d'avoir un théatre.

Au dessus de tous les Ordres de l'Etát, Romulus établit un Conseil permanent de cent Citoyens les plus distingués par leur naissance, par leur âge, par leurs biens & par leurs lumières; ils eurent le titre respectable de Pères; & ils le furent, soit de la patrie, soit du Roi, jusqu'à ce qu'ils assassinèrent Romulus.

Le choix de ces Sénateurs, s'il en faut croire Denys d'Halicarnasse, l'enthousiaste éternel des premiers Romains, ne fut point abandonné au hasard, ni au caprice du Législateur. Romulus ordonna aux trois Tribus & aux trente Curies d'élire de leurs Corps les trois personnages qu'elles jugeraient les plus dignes de leur suffrage : ainsi se forma le nombre de quatre-vingt-dix-neuf Sénateurs. Le Prince ne se réserva

demi-barbare qui portait pour drapeau une poignée de foin, & qui faisait la guerre pour enlever des moutons.

que la nomination du centième ; il eſt vrai que celui-ci était en quelque ſorte le Préſident de ſa Compagnie, & devait exercer en l'abſence du Souverain l'autorité de Viceroi.

Lorſque le luxe eut fait imaginer des diſtinctions pour déſigner le pouvoir, les Sénateurs portèrent une tunique bordée d'un large galon de pourpre, appellé le laticlave, & une agraffe d'argent, en forme de croiſſant, ſur leurs bottines. On leur donna auſſi les places les plus diſtinguées dans les jeux publics, c'eſt-à-dire, le premier rang autour de l'arène & de l'orcheſtre.

Romulus, en fondant le Gouvernement de Rome, ne s'oublia pas lui-même ; il ſe réſerva la connaiſſance des cauſes conſidérables en matière criminelle, le droit d'aſſembler le peuple & le Sénat, quand il le jugerait à propos, celui d'exécuter leurs décrets, & le privilège de commander les légions ; il réuniſſait donc les trois pouvoirs, puiſqu'il faiſait les loix, qu'il jugeait, & qu'il était à la tête des armées. Rome naiſſante, malgré ſon Sénat, fut donc ſoumiſe à un Deſpote.

Le Prince mit le comble à l'édifice du pouvoir arbitraire, en ſe faiſant le Chef de la religion; il établit que ce ſerait aux Rois à inſtituer les Fêtes, à bâtir les Temples, & à régler le culte de la Nation; il ſe flattait que les eſprits qu'il ne pouvait contenir avec le ſceptre, il les contiendrait du moins avec l'encenſoir.

On ſent aſſez que toutes ces inſtitutions d'un peuple ſauvage, ne ſe maintinrent qu'avec des changemens qui les rectifièrent. J'attendrai donc pour en examiner l'eſprit, l'époque où elles atteignirent leur dernier période de perfection. Un ſimple tableau ſuffit en ce moment, & je viens de le tracer.

LOIX
DE ROMULUS.

C'EST par leurs loix que la raiſon juge les fondateurs des Empires : les loix ſont le cachet qui diſtingue l'homme extraordinaire du grand homme.

Romulus, dont la ſuperſtition a fait un Dieu, & que l'Hiſtoire, non moins dangereuſe, a repréſenté comme un ſage, ſi l'on en juge par les inſtitutions qu'il donna à ſon Peuple, ne fut qu'un brigand heureux qui tourmenta la terre par ſes ordonnances, après l'avoir tourmentée par ſon épée. Son code, encore plus que celui de Dracon, fut écrit avec du ſang; & ſi les Romains ne devinrent pas des tigres, c'eſt qu'ils étaient encore trop voiſins de la nature : la douce & touchante ſenſibilité lutta en eux contre les édits de Romulus, & les mœurs adoucirent la férocité des loix.

Romulus commença par abuſer de ſa belle inſtitution du patronage, en dévouant aux Divinités infernales le client qui accuſerait ſon protecteur, & le protecteur qui ſe rangerait parmi les ennemis de ſon client (*a*) : or il était permis à tout Citoyen de tuer un homme ainſi dévoué, & le pacte ſocial était rompu entre l'aſſaſſin & la victime.

Les loix ſur le mariage reſpiraient le deſpotiſme oriental : un homme pouvait répudier ſa femme; mais la femme ne pouvait, ſous aucun prétexte, faire divorce avec ſon mari (*b*). La tyrannie des Légiſlateurs ne ſe borna pas à l'eſclavage de la moitié de la colonie; elle rendit encore légitime l'aſſaſſinat d'une épouſe : un mari eut le droit de faire mourir la Citoyenne qu'il venait de rendre mère, s'il pouvait la convaincre, devant ſes parens, d'adultère, de poiſon, d'avoir bu du vin, ou de fabriquer de

(*a*) *Dyon. Halic.* lib. 2, cap. 4.
(*b*) *Aul. Gell.* Noct. Attic. cap. 25.

fauſſes clefs. Quel alliage ſtupide & féroce! empoiſonner & boire du vin! violer la foi conjugale, ou fabriquer de fauſſes clefs! Le code de Romulus, comme la baguette de Circé, tendait ſans ceſſe à changer les hommes en bêtes féroces.

Et il ne faut pas croire que Rome s'en tint ſur ce ſujet à une ſanguinaire théorie. Un nommé Egnatius, au rapport de Valère-Maxime, ayant ſurpris ſa femme buvant du vin, l'égorgea ſur le champ, & ne parut que juſte aux yeux de Romulus: Fabius Pictor parle auſſi d'une Romaine que ſon mari convainquit d'avoir forcé un coffre où étaient des clefs, & qu'il fit mourir de faim, ſans que le cri des mœurs publiques eût puni ce Citoyen féroce d'avoir obéi à la loi.

C'eſt ſur-tout dans ſes inſtitutions ſur le pouvoir paternel, que parut toute la barbarie du Légiſlateur de Rome: un père pouvait tuer ſon fils au berceau, s'il naiſſait contrefait: une fille, pourvu qu'elle ne fût pas l'aînée, pouvait être miſe à mort dès l'âge de trois ans, ſi elle déplaiſait à l'homme libre qui lui avait donné la naiſſance (*a*). Chez les Grecs, qui étaient, à cette époque, le Peuple le plus éclairé de la terre, on affranchiſſait les enfans de la juriſdiction paternelle, trois ans après l'âge de puberté, ou au temps de leur mariage, ou du moins quand la République les avait jugés dignes d'être élevés aux magiſtratures : pour Romulus, il ne mit point de bornes à la tyrannie des pères : un fils, quelque fût ſon âge, ou de quelque dignité qu'on l'eût revêtu, n'était jamais indépendant dans ſa maiſon ; ſon père pouvait le frapper, le vendre comme eſclave juſqu'à trois fois, & même lui donner la mort (*b*). On voit à chaque

(*a*) *Dyon. Halic.* lib. 5 ; *Tit. Liv.* lib. 1.

(*b*) Voici la loi dont les Juriſconſultes ont recueilli le ſens. — *In liberos ſuprema patrum autoritas eſto : venundare, occidere licito :* & ailleurs, *Si pater filium tervenundarit, filius à patre liber eſto.* Ainſi le ſort d'un enfant de famille était bien plus affreux que celui d'un eſclave : un

pas que fait Romulus dans la carrière législative qu'il n'avait point de père, & qu'une louve l'avait allaité.

L'Etat que gouvernait ce tigre couronné, ne ferait jamais parvenu, même à son adolescence, si, par une bisarrerie digne du siècle barbare où il vivait, il n'eût désarmé, par une partie de son code, les Citoyens qu'il provoquait de l'autre aux assassinats. Outre le nom de parricide qu'il donna à tout homicide volontaire (*a*), il

Maître perdait sur ce dernier tout pouvoir, en le vendant une seule fois; mais si l'esclave était son fils, il pouvait encore deux fois outrager la Nature, avant de lui céder l'indépendance. — Si quelque chose peut égaler la férocité de ces institutions, c'est la remarque du Jésuite Catrou, qui les traite de *Sages*, & qui prédit qu'elles rendront *éternelle* la durée de la colonie de Romulus. *Hist. Rom.* édit. *in*-4, tom. 1, pag. 77.

(*a*) *Plutarch.* Vit. Romul. Cet Historien avait en vue cette loi : *Si quis hominem dolo sciens morti duit, parricida esto.* Encore y a-t-il des Ecrivains qui l'attribuent à Numa, ce qui est bien plus conforme au caractère connu du pacifique successeur de Romulus.

défendit de tuer, ſous quelque prétexte que ce fût, l'ennemi qui offrirait de ſe rendre : il ſemble que Romulus ait eu en vue de conquérir des hommes ſur le champ de bataille, afin de les exterminer enſuite dans leurs foyers.

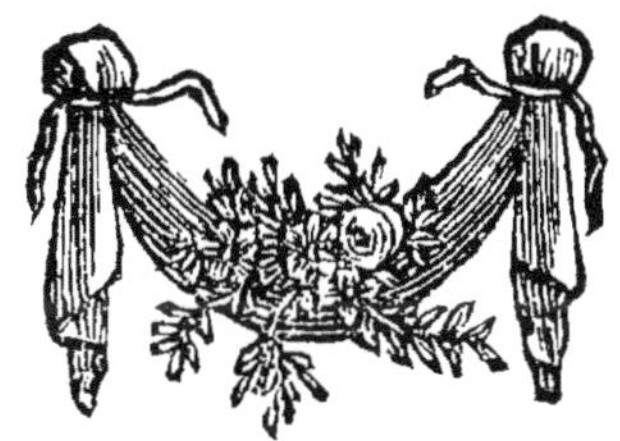

LE PHILOSOPHE ABARIS,

A LA COLONIE DE ROMULUS.

LE Philosophe Scythe Abaris était contemporain de Romulus : il parcourut l'Europe pour se rendre digne d'éclairer son pays. Arrivé dans Rome, il put être consulté par quelque Sénateur sur la législation de la Colonie naissante; & s'il eut la liberté d'être vrai, dans les Etats d'un despote, voici à-peu-près comment ce hardi Républicain dut s'exprimer.

» J'ai parcouru une partie de ce globe, » & ses Loix m'ont rarement prévenu en » faveur des Législateurs. Il semble que » ce soit avec du sang que leurs Codes

» ſoient écrits. Cependant, pour que des » têtes Républicaines ſe plient au joug de » la Société, il faut que des Loix ſoient » des conventions pacifiques entre des » Sages, & non une conſpiration tacite » entre le genre humain.

» Votre Romulus, nourri par des Pâ» tres, élevé parmi des brigands, couvert » du ſang de ſa famille, & ne connaiſſant » les hommes que ſur le champ de ba» taille, n'était point né pour donner des » inſtitutions à une Colonie : la nature » l'avait fait pour être un ſoldat de Sparte, » plutôt que le rival des Hermès & des » Zoroaſtre.

» Je vois d'abord la peine de mort » décernée pour les moindres délits dans » le Code que vous avez adopté. Un » Client eſt-il ingrat envers ſon Patron, » vous proſcrivez ſa tête, & vous la » dévouez aux Dieux infernaux : mais » c'eſt éterniſer entre vos Citoyens les » guerres que vos loix ont voulu préve» nir; c'eſt autoriſer toutes les vengeances

» perſonnelles ; c'eſt partager l'Etat en » deux claſſes, celle des bourreaux & celle » des victimes.

» Un mari, chez vous, peut tuer ſa » femme, ſi elle boit du vin : eh ! quel ſe» rait donc ſon ſupplice, ſi elle buvait le » ſang des hommes qu'elle aurait égorgés? » Si la loi inflige la plus grande des peines » à l'imprudence, comment punira-t-elle » le dernier des attentats ?

» Toutes vos inſtitutions ſur la puiſ» ſance paternelle, reſpirent une tyrannie » froidement atroce. Un père ailleurs n'eſt » le ſouverain de ſes enfans, que pendant » qu'il protège leur faibleſſe, &, pour » qu'il la protège. La dépendance poli» tique de ces derniers ceſſe au moment » qu'ils n'ont plus beſoin d'appui. Il n'en » eſt pas de même dans vos murs ; vos » Citoyens ſont autoriſés à vendre juſqu'à » trois fois leur malheureuſe poſtérité : les » barbares ! Mais s'il s'en trouve qui le » faſſe une ſeule fois, la nature les a rayés » du nombre des pères.

» Quant au droit d'expofer des enfans, » parce que leur figure ou leur fexe vous » déplaît, il ne devait être en vigueur que » parmi des Peuples antropophages. Pourquoi faire naître des êtres intelligens, » quand on eft dans le deffein de les dé» truire ? De plus, qui vous a dit que » dans le corps contrefait de cet enfant » que vous dévouez à la mort, ne logera » pas une de ces ames vigoureufes & fu» blimes faites pour prefcrire une nouvelle » marche au monde politique, & pour le » faire refpirer de la tyrannie des hommes » & des loix ?

» Si, malgré la férocité de ces inftitu» tions, Romulus vous ordonne de ref» pecter le fang des Citoyens, & celui » des ennemis vaincus, c'eft qu'avec les » trois mille hommes qui compofent fa » Colonie, il n'eft pas affez fort pour » lutter fans ceffe contre la nature : mais » faites-le régner à Babylone; alors vous » verrez fe déployer fon génie deftruc» teur, & ce defpote fera conféquent,

» parce qu'il ne craindra pas de voir tarir » la source de ses victimes.

» Croyez-moi, il n'est pas donné à tous » les législateurs de suppléer, par le coup-» d'œil rapide du génie, aux secours lents » & tardifs de l'expérience, de peser les » intérêts de leurs Peuples, & de les lier » avec ceux de leurs voisins, de faire con-» courir les faiblesses mêmes de l'individu » à la sûreté de tous, & de consoler les » générations futures de la perte de leur » liberté, en les rendant heureuses.

» Si jamais les Scythes ont recours à » mes faibles talens pour donner une base » solide au pacte social, je leur donnerai » des loix si simples, qu'elles n'auront pas » besoin d'être écrites, si claires, que per-» sonne ne songera à les interprêter, & » sur-tout si pacifiques, qu'on ne les croira » qu'une extension de celles de la nature : » je m'occuperai plus à prévenir les crimes » qu'à les punir ; & comme mes institu-» tions ne tendront qu'à ôter à mes » Concitoyens la liberté de se nuire, je

les

» les amènerai à bénir le Philoſophe qui » n'a enchaîné ſa patrie que pour la rendre » à jamais reſpectable dans la mémoire » des hommes. »

ENLÈVEMENT DES SABINES.

CEPENDANT, grace à l'aſyle que Romulus avait ouvert aux malheureux & aux ſcélérats, Rome était déjà aſſez puiſſante pour ſe meſurer avec le plus formidable de ſes voiſins; mais le peu de femmes qu'elle avait aſſociées à ſes brigandages, lui faiſait craindre de ne pouvoir prolonger ſa grandeur au-delà d'une génération : elle envoya donc des Ambaſſadeurs aux Peuples de l'Italie, pour traiter avec eux, & demander leurs filles en mariage. Ces Miniſtres introduits dans les aſſemblées nationales, s'exprimèrent avec cette fierté qui annonce la hauteur de l'ame, mais qui ne dédaigne perſonne : « Ne » jugez point Rome, dirent-ils, par la » faibleſſe qui a accompagné ſon berceau;

» toute Puiſſance, ainſi que tous les ou-
» vrages des hommes, doit ramper à ſon
» origine : mais le ciel, vous le ſavez, a
» illuſtré, par des prodiges, la fondation
» de notre ville : avec les Dieux & notre
» bravoure, nous pouvons aſpirer à tout :
» hommes mortels, ne croyez point vous
» avilir en vous alliant avec des êtres de
» même nature que vous. »

Les Ambaſſadeurs de Rome ne furent accueillis nulle part : les uns refuſèrent par principe de jalouſie : ils voyaient avec peine les progrès ſucceſſifs de la nouvelle Colonie ; & déjà ils preſſentaient que ſa grandeur deviendrait un jour fatale à leur poſtérité. Le plus grand nombre ſe détermina à rejetter les propoſitions des Romains, par le mépris profond qu'ils avaient conçu pour ce vil ramas de brigands & d'eſclaves, dont Romulus avait eu l'art de faire des hommes : il y en eut qui, en les renvoyant, leur demandèrent s'ils n'avaient pas auſſi ouvert un aſyle pour les femmes, prétendant que des hommes ſans naiſſance & ſans mœurs, pour faire des mariages aſſortis, devaient épouſer des proſtituées. Romulus fut outré d'une pareille inſulte; mais ne ſe ſentant pas aſſez de force pour s'en venger avec éclat, il diſſimula le dépit qui le dévorait, bien réſolu d'imiter tous les petits Souverains ſans principes, & de ſuppléer à la puiſſance par la perfidie.

On avait trouvé par haſard, en creuſant près du Tibre, un Autel dédié à Neptune Equeſtre : c'eſt le nom que les Mythologiſtes Grecs donnaient au Dieu de la mer, pour avoir, d'un coup de trident, fait ſortir de la mer le premier cheval. Les Hiſtoriens qui ont cherché de temps en temps à concilier les Poëtes avec la raiſon, ont expliqué ce conte oriental, en diſant que Neptune dompta le premier ce quadrupède, & apprit à l'homme à le dompter; ils ont ajouté que les premiers Héros qui le menèrent en guerre, parurent aux Peuples ſtupides des êtres moitié hommes & moitié chevaux, &

que telle fut l'origine de la fable des Centaures.

Romulus tira parti de cette découverte ; il ſuppoſa que Neptune lui avait conſeillé la trahiſon qu'il méditait, & il projetta de l'honorer, ſous le nom de Dieu des Conſeils (*a*), par des jeux publics, qui conſiſteraient en des courſes de chars & de chevaux. Le ſpectacle fut annoncé dans tous les Etats voiſins, &, afin d'en donner une plus haute idée, on n'oublia rien de tout ce que l'induſtrie de ces temps barbares pouvait ſuggérer, pour en augmenter l'appareil.

Le jour fixé pour la célébration des jeux, une foule d'étrangers ſe rendit à Rome, ſoit pour repaître une frivole curioſité, ſoit pour s'inſtruire par eux-mêmes de l'état d'une Ville, dont la puiſſance commençait à leur faire ombrage. Les

(*a*) Tite-Live l'appelle le Dieu *Conſus*. Son autel était ſous terre, pour marquer le ſecret profond que demandaient les entrepriſes pour leſquelles on le conſultait.

Céciniens, les Cruſtuméniens & les Antemnates y parurent en grand nombre; pour les Sabins, ils y vinrent preſque tous: ces derniers menaient avec eux leurs filles & leurs femmes; auſſi ce fut à eux que leurs Hôtes perfides firent le plus d'accueil.

Comme les jeux devaient durer pluſieurs jours, Romulus eut tout le temps d'ourdir les fils de ſa trame. Au dernier ſpectacle, les Romains eurent ordre de venir au cirque avec des poignards cachés ſous leurs robes. Le Roi préſidait l'aſſemblée, vêtu d'une robe ornée de bandes de pourpre; & la paix qui avait régné juſqu'alors, produiſait la ſécurité des Spectateurs. Tout-à-coup, lorſque la courſe de chevaux fixait tous les regards, Romulus ſe leva de ſon trône, plia ſa robe & la déplia: à ce ſignal, la jeuneſſe Romaine vint, le fer à la main, fondre ſur les étrangers, qui, dans le premier moment d'effroi, ne ſongeant qu'à leur propre ſûreté, prirent la fuite en déſordre. Comme on n'en voulait à la vie de perſonne, on s'occupa peu du ſoin de les pourſuivre, & du moins, dans cette ſcène terrible, il n'y eut point de ſang répandu. A peine les Sabins, dont on craignait la ſenſibilité, eurent-ils diſparu, que les jeunes brigands de la Colonie vinrent ſaiſir leurs filles éperdues : il n'y eut point de choix dans cet acte de violence, & chacun s'arrêta à la première qu'il rencontra ; celles qui ſe diſtinguaient par leur beauté, avaient été deſtinées aux Sénateurs, & leurs Satellites les leur amenèrent. Cependant le délire de l'amour fut ſur le point de rendre cet enlèvement fatal, même aux raviſſeurs. Quelques Patriciens ayant vu des ſoldats emmener une Sabine, qui l'emportait ſur ſes compagnes par ſa taille & par l'éclat de ſa beauté, voulurent la leur ravir : heureuſement on fit entendre que cette jeune étrangère était réſervée à Thalaſſius, & le tumulte s'appaiſa à ſa naiſſance. Comme, dans la ſuite, cette Sabine fit le bonheur de ſon époux, ce mot de Thalaſſius (*a*) devint ſacré, & on le fit entrer dans les épithalames.

Le nombre des Sabines enlevées montait, ſuivant Valere d'Antium, à cinq cents vingt-ſept, & ſuivant Juba, à ſix cents quatre-vingt-trois (*b*); elles ſe trouvèrent toutes filles, excepté Herſilie que Romulus épouſa. Il était tout ſimple qu'un deſpote ſe crût au-deſſus des loix ſociales qu'il faiſait, & qu'un brigand qui avait aſſaſſiné ſon frère & égorgé ſon oncle, n'eût que des enfans adultères.

Cependant les pères des Sabines enlevées, inſtruits de leur opprobre, ſortirent

(*a*) Un Ecrivain Carthaginois appuyait ſur un autre fait cette étymologie. Il prétendait que Thalaſſius était le mot même que Romulus avait donné à ſes ſoldats, pour ſervir de ſignal à l'enlèvement. *Plutarch.* Vit. Romul.

(*b*) *Dyon. Halicarn.* lib. 2, & *Plutarch.* Vit. Romul. Ce Juba était le fils du Roi de Mauritanie, vaincu par Céſar : il ſe conſola, en cultivant les Lettres, du chagrin d'avoir été Roi & de ne l'être plus.

de Rome, le désespoir dans le cœur; pleins de ressentiment contre les infracteurs des droits sacrés de l'hospitalité, ils imploraient la vengeance des Dieux, aux solemnités desquels on ne les avait appellés, que pour leur faire le plus sensible des outrages. De retour dans leur patrie, ils firent passer dans leurs Concitoyens tout le fiel qui les dévorait, &, de toute part, on s'arma pour punir le crime des Romains.

De leur côté, les Sabines enlevées étaient dans une inquiétude mortelle. Ce cri de la pudeur qui s'élève dans des ames neuves encore, l'idée de violence si faite pour effaroucher les plaisirs vertueux, la crainte si légitime d'être abandonnées à leur opprobre, quand leurs ravisseurs les auraient rendues mères, tout conspirait à redoubler leur effroi. Romulus vint lui-même essayer de guérir les maux qu'il avait faits. « Je suis loin, dit-il à ces » filles éplorées, d'insulter à vos malheurs; » n'accusez, de la violence qui vous met » dans notre pouvoir, que l'orgueil de

» vos pères qui ont refusé de s'allier avec » nous. Il fallait bien empêcher notre » Colonie de s'anéantir à sa naissance ; » & les conventions arbitraires du droit » des gens ont dû se taire devant les » loix impérieuses de la nécessité : au reste, » si vous avez été un instant nos victimes, » cet attentat est assez expié par nos re- » mords ; ne regardez plus les Guerriers » qui nous environnent, que comme des » hommes sensibles & tendres, qui veulent » tenir de votre cœur, une foi qu'il ne » tiendrait qu'à eux de vous arracher. Vous » n'entrerez dans le lit nuptial qu'en » qualité d'épouses légitimes ; vous par- » tagerez notre fortune, nos privilèges » & notre indépendance ; & les enfans » que vous ferez naître, gages précieux » de l'union conjugale, seront reconnus » par leurs pères comme les héritiers de » leurs noms, de leur gloire & de leurs » espérances à la conquête de l'Italie ».

A ces raisonnemens se joignirent les caresses des Romains qui firent parler le langage de la paſſion, qui s'excusèrent de leur violence ſur l'activité de leur amour, & qui promirent aux jeunes étrangères de leur faire oublier, à force de bons traitemens, la patrie qui les avait vu naître. Le ſexe ne tient guère contre de pareilles armes ; auſſi les Sabines, déjà ébranlées par le diſcours de Romulus, cédèrent, en rougiſſant, aux inſtances de leurs raviſſeurs ; & la ſcène tragique du matin ſe termina le ſoir par des mariages.

ÉVÈNEMENS

QUI AMÈNENT

LE PARTAGE DU TRÔNE

ET

LA MORT DE TATIUS.

TANDIS que les Sabines, devenues Romaines, commençaient à se consoler de leur enlèvement, leurs pères, tout entier à leur désespoir, les larmes aux yeux, & en longs habits de deuil, parcouraient les Villes du Latium pour les soulever. La ligue se forma; mais, comme tous les Confédérés ne mettaient pas la même activité dans leur ressentiment, les Céniniens osèrent seuls commencer la campagne; ils fondirent sur le territoire de Rome, & s'occupèrent à le ravager. Romulus, dans l'intervalle, assembla ſon armée, & ſe préſenta devant l'ennemi. Acron, Roi des Céniniens, était auſſi à la tête de ſes troupes; car, dans ces ſiècles héroïques, les Souverains n'envoyaient pas leurs Sujets s'égorger pour leurs querelles, ſans partager leur gloire & leurs dangers. Dès que les deux Généraux furent en préſence, & qu'ils purent ſe meſurer des yeux, ils ſe défièrent en combat ſingulier. Romulus, plus adroit ou plus heureux, paſſa ſon épée au travers du corps de ſon rival, mit ſon armée en déroute, & prit d'aſſaut ſa Capitale.

Romulus, maître de Cénina par la voie de la conquête, aurait pu livrer cette Ville au pillage, & s'abandonner, en paſſant les Habitans au fil de l'épée, à toute ſa férocité naturelle; mais l'inſtinct chez lui céda à la politique, & faiſant honneur à ſon humanité, d'une indulgence qu'il ne devait qu'au ſentiment de ſa faibleſſe, il pardonna aux Céniniens; ſeulement il leur commanda d'abattre leurs maiſons, & de ſe rendre à Rome pour être incorporés dans sa Colonie. Peu importait à ces barbares d'exercer leur brigandage à Rome ou à Cénina, & ils devinrent Sujets de Romulus.

Le vainqueur d'Acron avait fait vœu de consacrer à Jupiter les armes de son ennemi, s'il sortait vainqueur du combat. Persuadé qu'il fallait des spectacles à un peuple sauvage, pour le mener à son gré, après la prise de Cénina, il abattit un grand chêne qui se trouvait dans le camp, le tailla, & en fit un trophée, en le revêtant des armes d'Acron; ensuite, paré d'une robe de pourpre, & couronné de lauriers, il chargea le trophée sur son épaule, & entra ainsi dans Rome à la tête de son armée, qui faisait retentir les airs de ses chants de victoire. Cette pompe servit dans la suite de modèle à tous les triomphes; seulement les Généraux se dispensèrent de porter un tronc de chêne sur les épaules, &, contents de vaincre comme Romulus, ils firent traîner leurs trophées par des athlètes.

Denys d'Halicarnasse, qui voit toujours la grandeur Romaine dans le hameau que bâtit Romulus, prétend que ce Prince entra dans Rome sur un char magnifique; il se trompe (a) : ce luxe des triomphateurs ne fut introduit à Rome que sous le règne du premier des Tarquins; & le vainqueur d'Acron paraît à pied, traînant son chêne, soit dans ses statues, soit dans ses médailles.

Romulus, pour éterniser encore plus une journée aussi mémorable, traça au Capitole l'emplacement d'un Temple qu'il devait ériger à Jupiter Férétrien (b). *Grand Dieu*, s'écria-t-il, *reçois les dépouilles opimes d'un Roi, qui te sont présentées par son égal, & puisse la gloire*

(a) C'est aussi le sentiment de Plutarque. Voyez cet Historien, *Vie de Romulus*.

(b) Ce mot peut venir de *ferire*, frapper; parce que ce Dieu conduisit le Héros qui *frappa* Acron; *ferestrum*, qui veut dire trophée, pourrait encore lui servir d'étymologie.

que tu m'accordes, encourager mes successeurs à braver la mort dans les combats, pour obtenir la victoire ! — L'honneur des dépouilles opimes ne fut point avili dans la ſuite par la multitude de ceux qui le partagèrent ; car le Tribun Militaire Coſſus (*a*) & le Conſul Marcellus furent les ſeuls à qui il fut déféré, l'un pour avoir tué Tolumnius, Roi d'Etrurie, & l'autre, le Général Gaulois Viridomar. Il eſt certain que plus un Etat ſe police, plus de pareils combats ſinguliers doivent devenir rares. Les Rois ne ſe défient que

(*a*) Ce fait renverſe le ſyſtême de Plutarque, qui veut qu'un Général ſeul pût remporter les dépouilles opimes. Au reſte, Varron contredit le Philoſophe de Chéronée. *Varro*, dit Feſtus, *ait opima ſpolia eſſe, etiamſi manipularis miles detraxerit, dummodo duci hoſtium.* Tite-Live, comme nous le verrons dans la ſuite, penſait auſſi comme Varron ; & s'il écrivit contre ſa penſée, c'eſt qu'il n'eut pas le courage d'avoir une autre opinion que celle d'Auguſte.

quand

quand ils n'ont rien à perdre, comme Acron & Romulus.

La défaite des Céniniens entraîna celle des Habitans de Fidènes, d'Antemne & de Crustumère, qui, n'ayant pas eu la politique de voiler leur faiblesse par une confédération utile, se laissèrent vaincre les uns après les autres, & ne sauvèrent leur vie, qu'en consentant à devenir eux-mêmes des Romains.

Enfin les Sabins sortirent de leur léthargie, & se mirent en campagne. Ce Peuple le plus belliqueux alors de l'Italie, occupait cette vaste contrée qui est située entre le Tibre, le Téveron & le mont Apennin; il était divisé, comme notre Corps Germanique, en plusieurs petites Monarchies & Républiques gouvernées, chacune, suivant ses propres loix, & réunies contre l'ennemi commun par une ligue offensive & défensive. Des Historiens, accoutumés à voir des fils de Dieu dans tous les Fondateurs des Empires, faisaient descendre les Sabins d'un Sabinus, fils de

Sancus, Divinité du Latium, qui présidait à la foi des traités; pour eux, ils se croyaient issus de Lacédémone, &, pour ne point dégénérer de la fierté de leurs ancêtres, ils habitaient dans des Villes sans murailles, bien persuadés que des lignes formées par des Héros, étaient un meilleur rempart qu'une enceinte de pierres de taille.

Ce Peuple, éclairé pour le temps où il vivait, avant de commencer la guerre, avait fait l'honneur aux Romains de croire que leur politique était fondée sur quelques principes du droit des gens, & leur avait envoyé des Ambassadeurs, pour redemander les Sabines enlevées, avec promesse de faire avec les ravisseurs une alliance qui leur donnerait la liberté de contracter chez eux des mariages. Romulus, qui aimait mieux combattre que négocier, s'était refusé à toute espèce d'accomodement, &, de part & d'autre, on avait levé une armée.

Le Prince le plus puissant de la ligue

des Sabins, était Titus-Tatius qui résidait à Cures; il se mit à la tête d'une armée de vingt-cinq mille hommes de pied & de mille chevaux, & marcha vers Rome pour en faire le siège. Romulus, de son côté, avait, dit-on, vingt mille fantassins & huit cents chevaux; ce qui est bien peu vraisemblable; car, sept ans auparavant, sa Colonie entière n'était composée que de trois mille trois cents hommes: mais tout doit être prodige sous le règne d'un demi-Dieu, comme l'antiquité nous représente Romulus.

Tatius s'arrêta dans cette vaste plaine, qu'on nomma, depuis, le Champ de Mars, & bloqua la citadelle. Les sièges, dans ces temps reculés, ne se précipitaient pas, comme depuis l'invention de l'artillerie. Nous verrons dans la suite les Romains se consumer en vain pendant neuf ans devant les murs de Veyes; le siège de Troye, long-temps auparavant, avait duré dix ans, & celui d'Azoth, par un Roi d'Egypte, vingt-neuf. Le Capitole, contre l'attente des Sabins, ne résista que peu de jours; mais aussi la prise de cette place fut l'ouvrage d'une perfidie. Tarpéya, fille du Sénateur qui y commandait, était sortie des remparts pour aller puiser de l'eau nécessaire à un Sacrifice : Tatius, qui pouvait l'enlever, aima mieux la corrompre à force d'argent, & l'engagea à introduire pendant la nuit les Sabins au Capitole. Les Historiens qui font si rarement un tableau historique sans y joindre le cadre du merveilleux, ajoutent à cet évènement une circonstance assez extraordinaire. Tarpéya, disent-ils, éblouie par les brasselets d'or & les anneaux des soldats, avait demandé pour prix de sa trahison, ce qu'ils portaient à leurs bras gauches. Les Sabins étant entrés dans la Citadelle, s'acquittèrent de leur promesse, en étouffant la Romaine sous le poids de leurs boucliers (*a*). Romu-

(*a*) Il y a sur la trahison de Tarpéya, presqu'autant de récits différens que d'Historiens.

lus, vengé par ſes ennemis mêmes, étendit ſon reſſentiment ſur le père de la per-

---

On a prétendu que la fille de Tarpéya commandait elle-même dans la citadelle, (Plutarch. *Vit. Romul.*) ce qui ſuppoſerait dans cette Romaine le génie de Sémiramis, ou une ſtupidité ſingulière dans Romulus.

Un Antigone, qui écrivait une Hiſtoire d'Italie dans le temps de Ptolemée Philadelphe, a ſuppoſé, que Tarpéya était fille de Tatius lui-même; & que pour punir Romulus, qui, le jour de l'enlèvement des Sabines, l'avait forcée à paſſer dans ſes bras, elle livra le Capitole à ſon père.

Le Poëte Simulus qui, ſans avoir le génie de Virgile, fait, comme lui, des anachroniſmes de trois cents ans, veut que Tarpéya, amoureuſe de Brennus, ait livrée la citadelle de Rome, non aux Sabins, mais à nos Ancêtres.

Enfin, un autre Hiſtorien, cité par Denys d'Halicarnaſſe, *lib.* 2, aſſure que Tarpéya en demandant aux Sabins ce qu'ils portaient à leur bras gauche, avait réellement entendu leur armure, afin de les expoſer ſans défenſe aux traits de la garniſon; mais que les ſoldats de Tatius ayant ſoupçonné le deſſein qu'elle avait de les trahir;

fide ; il le pourſuivit pour le crime de trahiſon, & l'envoya au ſupplice.

Cependant les Sabins, maîtres du Capitole, ſe flattaient d'anéantir la puiſſance Romaine, lorſqu'elle ne faiſait que de naître. Romulus, impatient d'empêcher l'ennemi de jouir de ſa conquête, ſe hâta de lui préſenter le combat. Métius-Curtius ſe mit à la tête des Sabins, & Hoſtus-Hoſtilius commanda les légions Romaines, ſous les ordres de ſon Souverain. Ce dernier, quoique luttant contre le déſavantage du poſte, ſoutint le premier choc avec autant de bravoure que d'audace ; mais il fut tué dans la mêlée, &

---

avaient fait ſervir le prix qu'ils lui avaient promis, à leur vengeance.

Il pourrait bien ſe faire que tous ces récits fuſſent également faux, & qu'ils n'euſſent d'autre baſe qu'une vaine étymologie du Roc Tarpéyen, qui formait une des extrémités du Capitole, & d'où l'on précipitait les criminels au temps de la République.

ſa mort amena la déroute de ſes ſoldats. Romulus, entraîné lui-même par la foule des fuyards, lève les mains au Ciel, & s'écrie : « ô Jupiter, c'eſt ſous tes auſpices » que j'ai fondé Rome ; détourne la révo- » lution qui doit la détruire ; toi qui as » fait tomber Acron ſous mes coups, je » m'adreſſe à toi une ſeconde fois ; raſſure » mes Sujets, & épargne-leur l'opprobre » d'une fuite entière : je te promets, ſi » tu exauces mes vœux, de t'élever ici un » Temple, & ce monument apprendra » à la poſtérité, que ce n'eſt jamais en » vain que tes adorateurs t'implorent » ! — Il dit, &, preſſentant l'effet que ce moment d'enthouſiaſme pouvait faire ſur l'eſprit de ſes Guerriers, il ordonne à ſes troupes de faire volte-face, & de recommencer le combat. Les Romains, dit Tite-Live, qui, dans ce récit, eſt ſûrement plus éloquent qu'il n'eſt vrai, les Romains, dis-je, s'arrêtèrent comme s'ils avaient entendu la voix même de Jupiter, & la Ville fut ſauvée.

Cependant Curtius, defcendu de la Citadelle avec fes Soldats, avait, jufqu'à ce moment, pourfuivi les fuyards avec chaleur : déjà il était proche de la porte du mont Palatin. *Ils font donc vaincus*, s'écriait-il, *ces hôtes perfides, ces ennemis pufillanimes ! ils fentent maintenant qu'il n'eft pas auffi aifé de combattre des Guerriers, que d'enlever des femmes.* Romulus ne lui laiffa pas le temps d'achever, & fondit fur lui à la tête de l'élite de fes Soldats. Ce trait d'audace, auquel les Sabins ne s'attendaient pas, les déconcerta, & ils furent mis en déroute à leur tour. Il y avait alors dans la plaine, proche du champ de bataille, une efpèce de marécage affez profond, caufé par le débordement du Tibre, & d'autant plus difficile à appercevoir, qu'une légère croûte de terre en couvrait la furface : Curtius, emporté par fon cheval que les cris de l'ennemi avaient effarouché, tomba dans ce marécage. Déjà le péril de ce Général attirait l'attention des fiens, lorfqu'il fit un effort qui le dégagea (*a*) ; & alors les deux armées se mesurèrent de nouveau, dans la plaine qui séparait Rome de la Citadelle.

Tous ces combats avaient coûté beaucoup de sang aux deux partis, & rien n'était encore décidé. Cependant Rome penchait vers sa chûte ; ses ennemis étaient maîtres du Capitole. Hostilius, son Général, avait été tué : Romulus même, blessé dangereusement d'un coup de pierre à la tête, avait été obligé de se retirer de la mêlée. Le salut de la Colonie vint des Sabines, dont l'enlèvement avait fait son désastre. Dans le temps que les deux armées étaient le plus acharnées l'une contre l'autre, tout-à-coup parurent au milieu des soldats ces Héroïnes, qui, surmontant la timidité naturelle à leur sexe,

---

(*a*) Cet évènement fit donner à ce marécage le nom de Lac Curtius. Plutarch. *Vit. Romul.* Ce lieu devint dans la suite encore plus célèbre dans Rome, par le suicide d'un de ses patriotes.

les cheveux épars, le ſein à demi-nu, & leurs enfans dans les bras, s'élancèrent entre les Combattans, malgré les traits qui volaient ſur leurs têtes; & appellant les ſoldats des noms les plus tendres que la nature ait donné aux hommes, tentèrent de les ſéparer. « Vous, Sabins, » diſaient-elles, répondez-nous, de quel » attentat ſommes-nous coupables, pour » provoquer ſur nous les maux que nous » ſouffrons, & ceux qu'on nous prépare » encore? Nous ne pouvions oppoſer que » des larmes frivoles à l'épée de nos ra- » viſſeurs; & vous que nos gémiſſemens » appellaient dans ces momens terribles, » vous avez perdu à négocier, un temps » qu'il fallait employer à combattre. Vous » n'êtes pas venus nous arracher à l'eſ- » clavage, pendant que nous étions filles, » & aujourd'hui vous venez arracher des » femmes à leurs époux, & des mères à » leurs enfans: — Et vous, Romains, » contre qui oſez-vous vous défendre? A » chaque trait que vous lancez, ne doit-il

» pas en ſortir un autre du fond de vos » entrailles, qui les déchire? Barbares! » épargnez à votre poſtérité l'opprobre » dont vous la couvrez par vos parri- » cides. Vous tous, dont le ſang criminel » coule à torrent ſur ce champ de ba- » taille, ſi vous rougiſſez de nous avoir » donné la vie, ou des nœuds que nous » avons contractés, tournez plutôt vos ar- » mes contre nous; c'eſt nous qui ſommes » la cauſe de la guerre; c'eſt nous qui » faiſons égorger nos pères & nos époux; » il nous eſt plus doux de mourir, que de » ſurvivre à tout ce qui nous fait chérir » la nature. »

Il fallait avoir des cœurs d'acier pour réſiſter à un ſpectacle auſſi pathétique: auſſi le calme & le ſilence ſuccédèrent à l'acharnement des combattans; il ſe fit une ſuſpenſion d'armes, & les deux Rois entrèrent en conférence. Pendant qu'on débattait les articles du traité, les Sabines, toujours emportées par cette ſenſibilité douce & tendre qui les avait entraînées ſur le champ de bataille, amenèrent à leurs pères leurs maris & leurs enfans, pensèrent avec zèle les Sabins blessés, & les faisant porter dans leurs maisons, les convainquirent, par les ordres qu'elles y donnèrent, que les Romains les traitaient en épouses légitimes, & non en esclaves : ce dernier trait acheva de concilier les deux Nations, & la paix fut arrêtée (*a*).

(*a*) J'ai suivi, dans l'exposition de ce fait, le récit de Plutarque & de Tite-Live. Celui qu'adopte Denys d'Halicarnasse est bien moins conforme à la tradition Romaine. Suivant ce dernier Historien, les Romains las de la guerre, sentaient le besoin d'un traité ; mais trop fiers pour faire des avances qui les aurait humiliés, ils se consumaient à combattre. Dans un moment de fermentation générale, les Sabines, ayant Hersilie à leur tête, entrèrent au Sénat & proposèrent de se faire les Médiatrices entre leurs époux & leurs pères. On y consentit ; mais à condition qu'elles laisseraient à Rome au moins un de leurs enfans en qualité d'otage, pour la tranquilliser sur leur fidélité. Ces Héroïnes, ainsi maîtresses de la destinée de leurs Ravisseurs, quittèrent leur

Les Hiſtoriens nous ont conſervé les articles de ce traité : on décida que celles des Sabines qui voudraient demeurer avec leurs époux, ne ſeraient tenues à d'autres ſervices, dans la maiſon conjugale, qu'à filer; trait qui achève de peindre les mœurs pures de cet âge d'or, où les Princeſſes de l'Odyſſée allaient blanchir leur linge, & où les filles du Gouverneur du Capitole ſortaient pour puiſer de l'eau, n'ayant pour ſauve-garde que leur ſexe & leur innocence.

Les Sabins & les Romains furent réunis en un même corps de Peuple : on conſerva à Rome le nom de ſon fondateur; mais la Nation entière prit le nom de Quirites, à cauſe de Cures, capitale des Sabins : on augmenta auſſi le Sénat de cent

parure, & couvertes d'habits lugubres, ſe préſentèrent au Capitole. Introduites à l'audience de Tatius, elles employèrent cette éloquence douce & touchante, qui ſied ſi bien dans l'infortune, & elles réuſſirent à faire conclure le traité.

nouveaux Membres, qu'on choisit tous parmi les sujets de Tatius.

Pour les deux Rois, ils partagèrent le trône de Rome, & la Colonie n'en fut pas plus mal gouvernée.

Cette paix, que la tendresse ingénieuse des Sabines avait fait naître, les rendit plus chères que jamais à leurs époux. Romulus, par reconnaissance, donna leurs noms aux trente Curies qu'il établit pour le partage du Peuple Romain; mais comme leur nombre était bien supérieur à celui des Curies, on ignore si ce fut leur âge, ou la dignité de leurs maris, ou leur mérite personnel, qui firent déférer à quelques-unes d'elles ce privilège. Outre cela, on leur accorda, par des loix, des distinctions qu'elles tiennent des mœurs, chez les Peuples civilisés : par exemple, on ordonna que les hommes leur céderaient le haut du pavé, qu'ils respecteraient la décence dans les entretiens qu'ils auraient avec elles, & qu'ils ne paraîtraient pas à leurs yeux dans la nudité absolue des

Athlètes : pour leurs enfans, on leur permit de porter au col un bijou d'or (*a*), & de se vêtir d'une robe bordée de pourpre. Toutes ces attentions flattèrent la vanité des Romaines, & préparèrent de loin tout ce qu'elles firent de sublime en faveur du patriotisme des Républiques.

Les Sabins reçurent le calendrier des Romains (*b*), & leur donnèrent leur bou-

---

(*a*) C'est le *Bulla* d'Horace, ainsi nommé parce qu'il étoit fait comme ces petites bouteilles, qui se forment sur l'eau dans un temps de pluie. (Plutarch. *Vit. Romul.*) Lorsque les Romains commencèrent à ouvrir leurs esprits à la superstition, ils enchassèrent dans ces bijoux des préservatifs contre les enchantemens : c'est ce qu'ils nommèrent des amulètes.

(*b*) Le calendrier des Romains n'avait pas été fait par des Astronomes. Il n'était composé que de dix mois, dont quatre avaient trente & un jours, & les six autres trente. Ces mois étaient, suivant leur ordre, Mars, Avril, Mai, Juin, Quintile, Sextile, Septembre, Octobre, Novembre & Décembre. D'un autre côté, un texte de Solin, *cap.* 3, nous apprend que l'année de la

clier. Pour les fêtes, elles se célébrèrent en commun, & le fanatisme ne vint jamais ensanglanter les autels du Dieu pacifique dont ils étaient les adorateurs. Cicéron, dans son plaidoyer pour Balbus, regarde ce traité d'alliance entre Romulus & Tatius comme la base de la grandeur Romaine, par l'usage salutaire qu'il établit d'admettre les ennemis vaincus au rang des Citoyens; mais cette institution remonte plus haut : nous avons vu que l'adroit Romulus ne s'était vengé des Céniniens & des Antemnates, qu'en leur accordant le droit de Cité. Au reste, un Orateur ne se croit pas contraint à cette précision dans les faits, qu'on a droit d'attendre d'un Historien.

Romulus & Tatius, au grand étonnement des Politiques, régnèrent cinq ans

plupart des Peuples de l'Italie avant la fondation de Rome, était de treize mois, qui formaient 374 jours. Ainsi les Sabins ne quittèrent une erreur que pour en adopter une autre.

dans la plus grande concorde. Dans les affaires importantes qui ſurvenaient, ils ne conféraient pas d'abord enſemble; mais chacun d'eux en délibérait à part avec ſes cent Sénateurs, & ils ſe faiſaient part des réſultats. Lorſque la politique ou la néceſſité amenaient une guerre, ils paraiſſaient tous deux à la tête de l'armée, & ni l'un ni l'autre ne s'attribuaient l'honneur excluſif de la victoire.

Cependant, l'aſſaſſin de Rémus n'était pas né pour s'aſſeoir toujours ſur un trône partagé. Des Sabins de la famille de Tatius avaient exercé, au milieu de la paix, quelques ravages ſur le territoire de Lavinium (*a*), cette ancienne Métropole, d'où étaient ſorties les Colonies d'Albe & de Rome. Les habitans demandèrent juſtice de cette infraction du droit des gens; mais, par le crédit de Tatius, le crime reſta impuni. Les Ambaſſadeurs de Lavinium ſe retiraient donc pleins d'une

(*a*) Tite-Live & Plutarque diſent Laurente.

indignation qu'ils ne cherchaient qu'à exhaler, lorſque des brigands protégés, à leur premier attentat, en joignirent un autre bien plus grand encore : ils ſuivirent hors de Rome ces Miniſtres de paix, les ſurprirent la nuit dans leurs tentes ; &, après les avoir dépouillés, les maſſacrèrent.

S'il pouvait y avoir une juſtice d'Etat à Etat, comme il y en a une de l'Etat à l'individu, il ſemble que la ruine de Rome pouvait à peine expier le crime de protéger de pareils aſſaſſins ; mais les loix qui uniſſent les Nations entr'elles, ſont bien plus des toiles d'arraignées que celles qui lient les Citoyens à la patrie. Lavinium était ſans forces, quand on égorgea ſes Ambaſſadeurs, & l'outrage ne fut point réparé.

Il eſt vrai que Romulus, plutôt pour mortifier ſon Collègue, que pour appaiſer les Laviniens, fit remettre les coupables entre leurs mains ; mais cette demi-juſtice ne produiſit pas même l'effet qu'on pouvait en attendre. Tatius, obſédé par ſes Courtiſans, & toujours injuſte, parce qu'il était toujours faible, envoya des ſoldats à la pourſuite des Laviniens, & leur arracha leurs victimes.

C'eſt une grande queſtion en politique, de ſavoir ſi Lavinium, ainſi opprimée par des brigands ſans loix, était obligée de reſpecter quelques loix pour les punir : il ſemble qu'il ne puiſſe y avoir de pacte entre des bourreaux & des victimes; & ſi le machiavéliſme était bon à quelque choſe, ce ſerait peut-être à anéantir la tyrannie qui s'enorgueillit du nombre de ſes injuſtices.

Je ſuis loin d'autoriſer le ſyſtême qui légitime les perfidies; mais les Laviniens l'adoptèrent, & il en coûta la vie à Tatius.

Les Romains étaient dans l'uſage de faire, toutes les années, un ſacrifice ſolemnel à Lavinium : leurs deux Rois s'y rendirent; &, au milieu de la cérémonie, le Peuple furieux s'élança ſur les couteaux des Sacrificateurs, en perça Tatius, & confondit son sang avec celui des victimes.

Romulus fut témoin de cette scène sanglante, & son sang-froid fit naître sans doute bien des soupçons. Les Laviniens, qui craignaient les suites de sa vengeance, livrèrent les assassins de Tatius aux Romains; & le Prince, qui se sentait assez puissant pour n'avoir pas besoin de cacher la joie qu'il ressentait de régner seul, les renvoya, en disant qu'*ils n'avaient été que justes, en punissant le meurtre par le meurtre* (*a*). Pour braver encore plus l'indignation publique, il renouvella, dans le même temps, l'ancien traité entre Rome & Lavinium.

Le corps de Tatius fut transporté à Rome, & inhumé avec pompe sur le mont Aventin. Ce Prince fut peu regretté de ses Sujets : c'était un de ces Souverains

(*a*) Ce sont les propres termes dont se servit Romulus. Voyez Plutarque, *Vit. Romul.*

ſans caractère, qui ſe laiſſent maîtriſer également par les hommes & par les évènemens; dont la réputation dépend de ceux qui les entourent, & qui font les malheurs de leurs Peuples, ſans être des tyrans, comme ils feraient leur proſpérité, ſans mériter le titre de leurs bienfaiteurs.

MEURTRE
DE ROMULUS, ET SON APOTHÉOSE.

LA mort de Tatius fut ſuivie d'une peſte terrible qui ſe fit ſentir à la fois dans Rome & dans Lavinium. Ce fléau ſe répandit ſur les troupeaux, où les mères ne concevaient que pour avorter, & ſur les plantes qui ſe flétriſſaient avant de parvenir à leur maturité : les hommes les plus ſobres ne furent point à l'abri de la contagion ; ils tombaient au milieu des places publiques, & il n'y avait pour eux aucun intervalle entre la maladie & la mort. La multitude s'imagina alors que la vengeance divine pourſuivait ces deux Villes pour le meurtre du Roi & des Ambaſſadeurs : on fit des ſacrifices d'expiation ; mais, le péril paſſé, on ne se souvint plus, suivant l'usage, ni du crime, ni de la vengeance.

Romulus, depuis cette époque jusqu'à sa mort, n'eut que des guerres peu importantes à soutenir : vainqueur par-tout, il s'empara de Camerie, conquit Fidènes, & fit trembler Veyes, la Ville la plus puissante de l'Etrurie. C'est dans cette dernière guerre, que quelques Historiens prétendent que, sur quatorze mille hommes qui périrent du côté des ennemis, le Roi de Rome en tua plus de la moitié de sa main (*a*); crime d'autant plus atroce, qu'il n'aurait pu être exécuté que de sang-froid, & qu'il faut épargner à la mémoire de Romulus, non parce qu'il répugne à son caractère, mais parce qu'il semble impossible.

Quelque temps après la guerre de Veyes, le trône d'Albe vint à vaquer par la mort de Numitor. Romulus laissa aux Albains leurs loix & leurs usages,

(*a*) *Plutarch*. Vit. Romul.

mais ne donna point de ſucceſſeur à ſon aïeul. Albe dès-lors devint une République protégée par les Rois de Rome, & par conſéquent ſous leur dépendance.

Tatius, dans Rome, ne fut pas plus remplacé que Numitor dans Albe; mais Romulus nomma tous les ans un Magiſtrat particulier pour rendre la juſtice aux Sabins; exemple dangereux qui apprit aux Romains eux-mêmes qu'ils pouvaient vivre ſans Rois.

Cependant le Fondateur de Rome, tranquille ſur un trône que perſonne ne pouvait envier, devenu la terreur de ſes voiſins, & l'oracle des Machiavel de ſon ſiècle, perdit tout-à-fait cette modération qui ſeule fait pardonner l'exercice du pouvoir arbitraire. Tranſportant le luxe Aſiatique chez des Pâtres, il ne parut en public qu'avec une eſpèce de manteau Royal, bordé de bandes de pourpre, & environné de Satellites & de Licteurs. La multitude, à qui ce faſte extérieur en impoſe, ne fut point bleſſée; mais les

Grands, qui se rappellaient d'avoir été un jour les égaux du brigand qu'ils avaient couronné, murmurèrent ; & chez un Peuple qui n'est pas encore civilisé, il n'y a qu'un pas du murmure à la rébellion.

C'était sur-tout dans l'esprit des Sénateurs, que la tyrannie laissait des traces profondes. Romulus n'assemblait plus la Compagnie que pour lui notifier ses volontés, & la charger de les annoncer au Peuple. Après l'expédition de Veyes, il renvoya, de son autorité privée, leurs otages, & partagea à ses Soldats les terres dont ils avaient fait la conquête. Le Sénat dès-lors n'avait pas plus d'influence dans le Gouvernement, que les Divans n'en ont aujourd'hui dans les Cours d'Ispahan & de Constantinople ; & il fallait, dans la fermentation générale des esprits, que Rome entière fût esclave, ou qu'elle changeât de maître.

Enfin le moment vint d'expier le massacre d'Amulius, l'assassinat de Rémus, le mariage adultère d'Hersilie, & trente-sept ans de despotisme. Romulus avait convoqué une assemblée du Peuple hors de la Ville (*a*) : tout-à-coup il survint un orage affreux; des tourbillons de poussière éclipsèrent le soleil : le fracas des arbres déracinés, joint aux éclats du tonnerre, firent craindre des convulsions funestes dans les entrailles du globe. La multitude effrayée se disperse; les Sénateurs se sauvent autour du trône, & Romulus disparaît.

Une tradition qu'il est difficile de contester, veut que les Grands de Rome, profitant du tumulte & de l'orage, massacrèrent leur Roi, mirent en pièces son cadavre, & en emportèrent chacun un morceau sous leur robe. Quand, par sa mort, ils furent devenus libres, ils le

(*a*) Les personnes qui aiment les petites circonstances des grands évènemens, sauront que ce lieu s'appellait *l'Etang de la Chèvre*. Plutarch. *Vit. Romul.*

firent immortel : on ſuppoſa que Jupiter avait enlevé le Héros au Ciel, dans un tourbillon de flammes ; &, pour empêcher le Peuple de faire des recherches ſur la mort de Romulus, on s'occupa de ſon apothéoſe.

Scipion, le deſtructeur de Carthage, fut auſſi, pluſieurs ſiècles après, trouvé mort dans ſa maiſon, quoique, quelques heures auparavant, on l'eût vu plein de vie : mais il ne faut point comparer la fin de ce Grand Homme avec celle de Romulus. Le corps du premier fut expoſé ſur un lit de parade, & chaque Citoyen eut la liberté d'y chercher des veſtiges de ſon empoiſonnement : pour le Fondateur de Rome, il ne reſta pas la moindre trace ni de ſon corps ni de ſes habits ; & tout concourut à procurer l'impunité aux aſſaſſins, qui firent un Dieu de leur victime.

Le bon Plutarque, qui aime à appuyer des fables par des fables, dit qu'on mettait autrefois la mort de Romulus en parallèle avec celle de l'athlète Cléomède, le second Milon de la Grèce, par sa taille, par sa force & par ses violences. Ce Cléomède, à ce qu'on prétend, entra un jour dans un sallon plein d'enfans, fendit d'un coup de poing une colonne qui soutenait la voûte, & se sauva au travers des décombres qui couvraient les corps des enfans écrasés. Poursuivi par le Peuple, il se jetta dans un coffre d'airain qu'il ferma sur lui : on s'approche, on met à coups de haches le coffre en pièces; mais il était vuide, & l'Athlète avait disparu. L'Oracle de Delphes, consulté sur cette merveille, répondit : *Cléomède est le dernier des Héros* : alors la multitude superstitieuse offrit de l'encens à un monstre, dont les Sages en même-temps flétrissaient la mémoire.

Quelle que soit l'idée qu'on se forme de la manière dont Romulus perdit la vie, il est certain que la multitude ne fut pas tout d'un coup la dupe de ses meurtriers. Le temps s'étant éclairci, & le Ciel ayant repris sa sérénité, la multitude dispersée se rapprocha du trône, &, le voyant vuide, soupçonna le crime des Sénateurs. Au morne silence que produisirent ses inquiétudes, succéda le murmure confus de l'indignation ; & le tumulte qui croissait de moment en moment, faisait craindre une guerre civile, lorsque l'adresse de Proculus étouffa le feu de la révolte, avant son explosion. Ce Patricien, qui avait été ami de Romulus, & qui jouissait d'un grand crédit parmi ses Concitoyens, gagné sans doute par le Sénat, parut tout d'un coup au milieu de l'assemblée. « Romains, » dit-il, votre Fondateur s'est présenté à » moi avec une taille colossale, & revêtu » d'armes étincelantes d'un feu céleste ; » je me suis prosterné devant ce Héros, » & me regardant avec cette amitié dont » il m'honorait pendant sa vie mortelle, » *va*, m'a-t-il dit, *va*, *Proculus*, *annon-* » *cer à mes Sujets*, *que cette Rome que* » *j'ai bâtie*, *est protégée de Jupiter : je* » *veux que le Peuple que j'ai gouverné*, *cul-*

» *tive l'art militaire, & s'exerce à des vertus* » *qui doivent amener un jour l'esclavage de* » *l'Univers* ».

Il semble que, quand les Despotes ne sont plus, la voix libre de la postérité devrait se faire entendre; mais l'adulation ne meurt pas avec les Princes qui en sont l'objet : aussi Proculus vit dans le Ciel l'assassin de Rémus; sept cents ans après, Numérius-Atticus, plus vil encore, vit Auguste prendre place parmi les immortels. Le Courtisan aime à déifier les Princes, sans la faiblesse desquels il ne serait rien : il n'y a que l'ame juste d'un Aristide, l'ame éclairée d'un Socrate, ou l'ame vigoureuse d'un Caton, dont personne ne fait l'apothéose.

S'il était vrai, comme l'ont écrit Cicéron & Florus (*a*), que la mort de Romulus concourut avec une grande éclipse du soleil, ce phénomène dut aider encore

---

(*a*) Voyez Fragmens du sixième Livre *de la Républ.* & *Histor. Roman.* lib. 1, cap. 1.

plus que le discours de Proculus, à la crédulité des Romains. Quoi qu'il en soit de ce fait, qu'on n'a pu vérifier par les Tables des Astronomes, l'enthousiasme de l'adulation se communiqua aisément à la multitude; & le bâtard d'Ilia, devenu Dieu, sous le nom de Quirinus, eut un Temple & des Autels (*a*).

Romulus était âgé de cinquante-cinq ans quand il fut massacré, & il en avait régné trente-sept : il eut d'Hersilie deux enfans; une fille nommée Prima, & un garçon qu'il appella Aollius. On ne connaît que leurs noms; & il est probable qu'ils ne se firent ni une réputation ni une postérité.

(*a*) Ce nom de Quirinus dérive du mot Sabin *Quiris*, qui signifie également une pique & un Dieu armé d'une pique, *Plutarch.* Vit. Romul. On ne sait pas si c'est le Dieu qui a donné le nom à la pique, ou bien la pique qui a donné le nom au Dieu. Le mot de Quirinus servait aussi, chez les Poëtes, à désigner Mars, le Génie des batailles.

Quant à l'idée qu'on peut se former du caractère de Romulus, elle dépend beaucoup de la manière de voir de l'observateur. Le tableau prête également au panégyrique & à la satyre; & il semble d'abord qu'on puisse faire de cet être extraordinaire un monstre ou un Grand homme, sans aduler sa cendre, comme sans calomnier sa mémoire.

Les Romains l'ont représenté comme le génie du bien, descendu en Italie pour faire le bonheur des hommes; ils ont parlé avec enthousiasme de ses exploits militaires, du Code qu'il donna à son Peuple, & de l'adresse qu'il eut d'établir son pouvoir sur la double base de la politique & des armes. C'étaient des Citoyens qui s'échauffaient au nom de la Patrie; c'étaient des enfans qui plaidaient au Tribunal de la postérité la cause de leurs pères : il faut les admirer, mais non les croire.

Pour nous, que le délire du patriotisme n'entraîne point à en imposer à nos Concitoyens, pourquoi ne déchirerions-nous pas le voile qui couvre la perſonne des Fondateurs des Empires? La gloire de Rome eſt indépendante du portrait de Romulus; mais, quand même notre indignation contre ce Prince influerait ſur notre idolâtrie pour ſa Nation, qu'importe à la race humaine, après deux mille ans, la gloire d'un Peuple qui l'a tant écraſée ? Otons quelques pieds à la taille du coloſſe, & ayons le courage de dire la vérité.

La nature avait donné à Romulus une ame d'une trempe vigoureuſe, un caractère violent, mais qui ſavait ſe plier aux beſoins de la politique, ſur-tout un amour de la gloire qui le faiſait élancer dans la carrière du grand, comme s'il eût preſſenti ſon apothéoſe.

Malheureuſement il naquit dans un ſiècle barbare, & fut élevé par des pâtres. Confiné pendant ſa jeuneſſe dans le ſein des forêts, il n'apprit qu'à vaincre les bêtes féroces, ou à les imiter. Il n'en fallait pas tant pour dégrader cette ame forte, qui, dans la ſuite, fit le mal avec énergie, mais non le bien avec ſenſibilité.

Plutarque a comparé ce Prince à Théſée; & il dit dans ce parallèle, que, ſi le Héros d'Athênes purgea la terre des brigands qui l'infeſtaient, le Héros de Rome le valait bien, puiſqu'il ſaccagea des Villes, qu'il dompta des Nations, & qu'il mena en triomphe des Rois & des Généraux d'armée. Le Philoſophe de Chéronée parle ici d'après les préjugés vulgaires, & non d'après cette raiſon ſublime qui caractériſe ſes ouvrages. Quel rapport y a-t-il entre l'Athlète généreux qui combat les monſtres, pour être utile aux hommes, & le monſtre qui tue les hommes pour faire parler de lui? Romulus, ſous ce point de vue, ne reſſemble pas plus à Théſée, que le Connétable du Gueſclin à Néron, à Muley-Iſmaël ou à Aurengzeb.

Si j'avais à comparer Romulus à quelque Souverain, ce ſerait à Cyrus : tous deux fondèrent un Etat puiſſant ; tous deux ſe firent deſpotes ; tous deux eurent pour Hiſtoriens des enthouſiaſtes qui jugèrent de leur grandeur perſonnelle par celle des Empires qu'ils créèrent.

Tous deux ſuſpects, par leur naiſſance, à leurs Souverains, virent leur berceau entouré de merveilles. L'un expoſé ſur le Tibre fut ſauvé par un Berger ; l'autre, abandonné ſur les roches du Caucaſe, dut ſa vie à un Pâtre, qui l'éleva pour le trône, du ſein de ſa chaumière.

Tous deux eurent des ſuccès militaires, & en abusèrent. Romulus traînait à ſa ſuite des Rois enchaînés, le jour de ſon triomphe ; Cyrus, maître de la Lydie, condamna froidement ſon Roi à périr dans les flammes, ſupplice auquel l'infortuné n'échappa que par un concours d'évènemens bizarres, que la ſuperſtition de ſon vainqueur prit pour des merveilles.

Le Héros de Tite-Live & celui de

Xénophon fùrent également les fléaux de leur maison : le premier massacra Amulius & Rémus ; le second, vainqueur des Mèdes, présenta à la fille de leur Roi, sa main dégoûtante encore du sang de son époux ; & quelque temps après, il fit mourir son beau-père par le ministère d'un Eunuque, dont il reconnut le service abominable, en le laissant expirer sur une croix. Tout ce qui pouvait exciter la jalousie de ces deux Princes, soit dans leur Palais, soit dans les Etats dont ils étaient environnés, était immolé à leurs soupçons ; & il était aussi dangereux de naître dans leurs familles, que de vivre dans leur voisinage.

Romulus & Cyrus donnèrent tous deux des loix de sang à leurs Sujets. On connaît les institutions du Législateur de Rome, qui condamnent au supplice une femme qui a été infidelle à son mari, qui a bu du vin, ou qui a fabriqué de fausses clefs. Le Législateur de la Perse fit gloire de la même barbarie : presque tous les délits, dans son code atroce, ne s'expièrent que par la peine de mort : & pour comble d'horreur, il fut permis à l'imagination des Despotes auxquels il transmit sa couronne, de varier à son gré les supplices. Cette froide férocité est d'un tigre couronné, qui veut anéantir l'espèce humaine, plutôt que d'un sage qui la protège.

Enfin, pour qu'il ne manquât rien au parallèle de ces Souverains que leurs crimes ont rendu célèbres ; leur rage guerrière, leur politique atroce, leurs loix de sang & leur parricides n'ont pas empêché que, dans les villes qu'ils ont fondées, on ne fît leur apothéose.

Leur apothéose !.... Je demande pardon aux Sectaires ; mais ce mot déchire mes entrailles sensibles, & entraîne ma plume consacrée à la vérité. Par quel délire impie a-t-on divinisé en tout temps des Souverains qui ont tourmenté leurs Peuples de leurs loix & de leur épée, &

que la Divinité elle-même aurait écrasés de son tonnerre, si elle n'avait trouvé en nous des crimes à punir?

Esclaves insensés, qu'un vain phantôme de gloire a séduits, n'était-ce pas assez de flatter les faiblesses des Despotes qui vous gouvernaient, sans offrir encore au culte de votre postérité la cendre de ces Princes qui ne devaient plus vivre que par la mémoire de leurs crimes?

Et vous, Panégyristes, ames de boue & de sang, si vos noms ne partageaient pas l'opprobre de votre plume, vous pourriez un jour pervertir l'espèce humaine, en apprenant à tout scélérat heureux qu'il peut créer le juste & l'injuste, bouleverser le globe, & mériter des autels.

Qu'importe au sage la fondation d'un Empire? Ne valait-il pas mieux laisser des Pâtres dans les bois, sans besoins, sans vices, & sans chaînes, que de les rassembler dans des remparts, pour les rendre vils, malheureux & esclaves?

Cependant, les Romains ont été grands; mais ce ne ſont pas les loix de Romulus qui les ont rendûs tels : quoi qu'en diſent les Hiſtoriens, ils le ſont devenus malgré les loix de Romulus.

DES MŒURS
DES
PREMIERS ROMAINS.

N'OUBLIONS pas que ce fut avec la lie des Latins que Romulus fonda Rome : il n'eſt point indifférent de voir par quels degrés cette lie s'épura, & comment de vils eſclaves, & des hommes échappés au ſupplice, devinrent les aïeux des Camille, des Régulus & des Coriolan.

J'obſerve d'abord que, depuis la deſcente d'Enée, ou de ſon fils, en Italie, il s'était répandu un bruit vague, que la poſtérité des Troyens fonderait un des grands Empires du monde : cette tradition s'était conſervée dans les petits Etats d'Albe & de Lavinium, & l'adroit Romulus s'en ſervit pour donner à ſa Colonie une exiſtence qu'elle ne devait point eſpérer de ſa faibleſſe.

Les ſiècles de barbarie ſont auſſi ceux de la crédulité; c'eſt alors que les aſtrologues font des Centuries pour flatter les hommes, ou pour les effrayer; c'eſt alors que les Peuples ſe gouvernent par les Oracles des Sybilles.

Il ſuffiſait peut-être que Rome naiſſante ſe crût appellée à de grandes choſes, pour qu'elle oſât les entreprendre : il ſuffiſait auſſi que les Etats dont elle était entourée la craigniſſent, pour qu'ils miſſent moins d'activité à ſe dérober au joug qui les menaçait. Cet exemple des Peuples aſſervis par une prédiction, n'eſt pas unique dans les annales du monde : ce fut un rêve ſacré d'un Ynca qui mit le Pérou dans les fers de Pizarre : ce furent quelques Oracles que Mahomet trouva en Arabie, & que ſa politique fit valoir, qui aidèrent ce Prophête guerrier à faire adopter à un tiers du globe ſon code & ſon alcoran.

Il eſt difficile qu'un Peuple ſe diſe né pour de grandes choſes, ſans que ſon génie s'élève à la hauteur des projets qu'il médite. Dès que les Romains se crurent une destinée, ils cherchèrent à s'en rendre dignes; & de vils esclaves qu'ils étaient, ils devinrent des hommes.

Cependant, cette révolution dans les mœurs ne fut pas l'ouvrage d'un moment; il y eut, pendant long-temps, dans la Colonie, des Membres qui ne purent secouer la fange de leur origine; mais comme ils n'étaient point à leur place, peu-à-peu ils disparurent, & ne furent point remplacés : une heureuse fermentation dans le corps politique, le délivra de toutes les matières hétérogènes qui gênaient en lui les principes de la vie, & Numa ne fut pas long-temps à s'appercevoir qu'il n'avait point à gouverner le Peuple de Romulus.

L'enlèvement des Sabines, tout odieux qu'il était, servit à policer les Romains : ces femmes élevées en partie avec l'urbanité des Grecs, dont elles se flattaient de descendre, se vengèrent de leurs ravisseurs, en les civilisant : elles adoucirent la rudeſſe de leurs mœurs, ne laiſſèrent ſubſiſter de leur férocité que le courage, qui en eſt la baſe; &, faiſant reſpecter leurs plaiſirs, en les couvrant du voile de la décence, elles leur apprirent à joindre l'art de jouir à l'art d'aimer.

Chaque Peuple que Romulus ſubjugua, & qu'il fit entrer dans ſa Colonie, y apporta ſes inſtitutions & ſes uſages : les vainqueurs adoptèrent d'eux tout ce qui pouvait perfectionner leur propre caractère; & de la réunion de toutes ces qualités, ſe forma un Romain, comme de la réunion des charmes de la Grèce, Apelle forma ſa Vénus.

Les Romains n'eurent un culte religieux que depuis Numa : auparavant, ils ſe contentèrent d'adopter les Dieux des Colonies grecques établies en Italie; mais ils eurent la ſageſſe d'épurer cet amas de ſuperſtitions (*a*). On ne dit point, dans la Colonie naiſſante, que le ciel eût été

(*a*) *Dionyſ. Halicarn.* lib. 2, cap. 6.

fait Eunuque par ſes fils, que Saturne eût dévoré ſes enfans, que Jupiter ſe fût déguiſé en bête, pour corrompre les filles des hommes : on y parla de Dieu rarement, mais toujours avec une ſorte de décence; & les ancêtres des Virginie & des Lucrèce, avec un cœur chaſte, ne mirent pas, comme les Grecs, l'impudicité ſur l'autel.

Leurs mœurs étaient auſſi ſimples que leur religion : quand ils n'enlevaient pas les vierges, ils les épouſaient ſur une ſimple promeſſe, ſans Prêtres & ſans contrat, & un anneau de fer était le gage de leur fidélité : le jour des nôces, l'épouſe prenait, en cérémonie, une ceinture de laine, qu'elle ne quittait que lorſque ſon mari la lui enlevait dans le lit nuptial.

Les Romains, pendant près de trois ſiècles, enterrèrent leurs morts, au lieu de les brûler; &, dans la ſuite, quand les Grecs leur firent obſerver que la meilleure manière d'honorer les morts, ne conſiſtait pas à infecter ceux qui leur ſurvivent, ils conſervèrent encore l'uſage d'inhumer leurs enfans.

La toge était l'habillement diſtinctif des Romains ; c'était une robe de laine fermée par-devant, & ſans manches : elle fut commune aux deux ſexes, juſqu'à ce que le luxe fît adopter le *ſtola* aux femmes de qualité.

Ils s'aſſeyaient à table ſous Romulus : leurs mets conſiſtaient en un plat de viande bouillie, du miel, des œufs, des légumes & du fromage, & ils ne faiſaient qu'un ſeul repas vers le coucher du ſoleil ; les feſtins publics n'étaient pas plus magnifiques. Denys d'Halicarnaſſe, qui en avait vu la repréſentation dans les Temples de Rome, dit qu'on n'y mangeait que des gâteaux, des fruits & des galettes de farine d'orge (*a*) ; au reſte, le climat ſeul ſuffiſait pour preſcrire ce régime : c'eſt ſur-tout dans les pays chauds que la na-

(*a*) *Dionyſ. Halicarn.* Antiq. Roman. lib. 2 cap. 7.

ture a commandé aux hommes, sous peine de la douleur, d'être frugivores.

Les premiers Romains étaient tour-à-tour brigands & agricoles; ils passaient à cultiver la terre, le temps qu'ils n'employaient pas à la conquérir. Quand, dans la suite, en subjuguant la Sicile, & en rendant l'Egypte tributaire, ils eurent pourvu à la subsistance de la Capitale, ils se relâchèrent de leurs principes : l'Italie se trouva surchargée de maisons de plaisance. Aux champs couverts d'épics, succédèrent des jardins & des parcs stériles, & le luxe dévorant anéantit les moissons avant que de naître.

Quant à la politique Romaine, comme elle était encore sans principe, elle dépendait des évènemens, & en subissait toutes les variations. Ce furent les grands intérêts que Rome république eut à démêler avec les Puissances rivales, qui lui apprirent à dresser ce code mixte d'équité & de perfidie, qui lui servit à s'attacher les petits Peuples, à rendre inutile la force des grands, & avec lequel, à la longue, elle les enchaîna tous.

Hâtons-nous d'arriver à cette époque de Rome libre ; c'est alors que s'ouvre la carrière des grands évènemens, & c'est elle que la plume des Tite-Live & des Salluste aime le plus à parcourir. Sous les Rois, & sur-tout sous Romulus, le Peuple ne joue aucun rôle ; le tableau des mœurs n'offre presque rien qui intéresse, & l'histoire de Rome n'est que celle de son Despote.

INTERRÈGNE
ET ÉLECTION
DE NUMA (a).

ROMULUS n'ayant point laissé de postérité, les dissentions civiles éclatèrent dans Rome naissante : il n'y avait point de Sénateur qui, en se rappellant qu'à l'origine des brigandages de ce Prince en Italie, il avait été son égal, ne se crût en droit de succéder à sa couronne. A l'ambition individuelle se joignait l'ambition nationale des Romains & des Sabins. Chacun de ces Peuples voulait pour Roi un homme né dans son sein. Les factions diverses, divisées entr'elles, ne se

(a) *Dionyſ. Halicarn.* Antiq. Roman. lib. 1; *Tit. Liv.* lib. 1; *Plutarch.* in Num. Pompil. — Ces trois Historiens nous serviront de guides pour la vie entière de Numa.

réunissaient qu'en un seul point; c'est que Rome ne pouvait être heureuse qu'avec une Monarchie. La liberté républicaine est le fruit heureux des progrès de la civilisation, & ce n'est point à des hommes qui sortaient des fanges de la barbarie, qu'il appartenait de l'apprécier. Pendant ces orages de la politique, des Nations rivales s'armaient pour attaquer une ville où personne ne savait ni commander, ni obéir; alors le péril ouvrit les yeux, & l'anarchie cessa.

Comme les factions ne pouvaient s'accorder sur le choix du Monarque, on déféra, pendant l'interrègne, l'autorité suprême à cent Sénateurs qui se partagèrent, sur le champ, en dix décuries: chacune gouvernait pendant cinq jours; & quoi qu'il y eût réellement deux Magistrats en charge à la fois, il ne s'en trouvait qu'un seul qui eût les marques de la royauté, & le cortège des Licteurs.

Plutarque admet un autre ordre dans cette aristocratie du moment: il prétend que cent cinquante Sénateurs se concertèrent pour prendre chacun, l'un après l'autre, les marques de la dignité royale, de manière que chacun était Souverain six heures de jour & six heures de nuit. Ce partage, tout bisarre qu'il nous paraît, était fait, dit l'Historien, pour désarmer l'envie. Le Peuple ne pouvait prendre de l'ombrage du Magistrat, qui, dans le même jour, & dans la même nuit, devenait Sujet & Roi. Quoiqu'il en soit de l'opinion de Plutarque, ce fut le Sénat qui gouverna pendant l'année d'interrègne.

Le Peuple ne tarda pas à s'appercevoir qu'en confiant le pouvoir suprême à un corps, il s'était donné cent tyrans au lieu d'un seul; il murmura donc, & murmura assez haut pour que le Sénat, qui craignait une révolution, fût obligé de plier. L'Interroi, qui se trouvait en charge, de l'avis de sa compagnie, proposa au Peuple d'élire le Souverain; alors celui-ci se piquant de générosité, renvoya au Sénat cet honneur : il ne s'agiſſait plus que de réunir les deux factions qui diviſaient les Electeurs. Un homme de poids les fit convenir que l'une élirait le Roi, & que le Roi ſerait pris dans l'autre : il n'était pas poſſible de trouver un meilleur expédient pour étouffer la diſcorde dans ſon germe ; car le Souverain, également cher aux deux partis, devait les aimer également, l'un par patriotiſme, parce qu'il était de ſa Nation, l'autre, par reconnaiſſance, parce qu'il lui devait ſa couronne. Le droit defaire un Roi fut déféré aux Romains.

Dans ce temps-là vivait, dans Cures, ville de la Sabine, un homme célèbre par ſa droiture & par ſa piété envers les Dieux : c'était Numa Pompilius. Quoique le plus jeune de quatre frères, il était leur Oracle par ſes lumières ; il paraiſſait ſur-tout verſé dans la Juriſprudence divine & humaine, du moins autant qu'on pouvait l'être dans un ſiècle de barbarie. Comme on ne connaiſſait pas dans quelle école il avait puisé sa doctrine, on lui donnait pour maître le fameux Pythagore de Samos : mais c'est un anachronisme pareil à celui qui a fait rencontrer Enée & Didon dans Carthage. Il est constant que le Philosophe n'était point encore né à cette époque, & que ce ne fut que très-long-temps après qu'il fonda une espèce d'académie de sages dans la grande Grèce. Si Numa eut quelque chose de l'ame de Pythagore, c'est que la nature lui avait donné un de ces caractères heureux qui se plient aisément à toutes les vertus. Que lui importaient les sectes des Philosophes ? il n'avait besoin que d'être lui-même, pour devenir un grand homme.

Numa avait quelques droits à régner dans Rome; car il était gendre de Tatius, qui avait partagé quelque temps le trône de Romulus. Mais après avoir eu la faiblesse de prendre pour femme la fille d'un Roi, il n'y avait pas joint la faiblesse encore plus grande de vivre avec elle à la Cour : tous deux s'étaient retirés dans une ſolitude profonde, où, inacceſſibles au reſte des hommes, ils goûtaient le bonheur pur d'une vertueuſe obſcurité. La fille de Tatius mourut après treize ans d'un hymen dont le plus léger nuage n'avait jamais troublé la ſérénité : alors Numa ſe rapprocha un peu des hommes qu'il fuyait ſans les dédaigner, & ce fut à Cures que le trouvèrent les Ambaſſadeurs chargés de le ſaluer, comme ſucceſſeur de Romulus.

Plutarque prête, dans cette occaſion, au Philoſophe Roi, un diſcours digne de Marc-Aurèle.

« Je ne trouve aucun avantage pour » moi dans le trône que Rome me pro» poſe. Ne connaiſſant que peu de be» ſoins, & ne formant preſqu'aucun déſir, » dois-je, dans l'âge de la maturité, aban» donner, pour les chimères brillantes de » l'ambition, le calme de la paix, & les » jouiſſances de la nature?

» Le trône de Rome n'offre point par » lui-même un avenir heureux en perſ-

» pective à celui qui doit l'occuper. Romulus, qui l'a fondé, n'a pu, malgré » sa gloire, échapper au soupçon d'avoir » fait assassiner Tatius, pour ne point » partager avec lui le pouvoir souverain. » Ce Héros lui-même a, dit-on, été frappé » à la fin de sa carrière, par les mains » qui devaient le défendre, & sa mort » précipitée a couvert d'un opprobre éternel toute votre noblesse.

» Eh! qu'y a-t-il de commun entre ce » Romulus & moi? Vous ne cessez de » dire que Romulus est issu des immortels, que les merveilles ont entouré son » berceau : pour moi, j'en fais l'aveu, » aucun prodige n'a rendu ma naissance » mémorable; un père mortel m'a élevé, » m'a nourri, & je suis loin de rougir » d'une origine qui, par son obscurité » même, permet à mon cœur de s'ouvrir à la reconnaissance.

» Croyez-moi, Romulus vous a laissé » sur les bras des guerres entreprises peut-être avec légèreté; vous avez besoin,

» pour les ſoutenir, d'un Roi qui joigne » la bravoure à l'activité ; d'ailleurs, » Rome, enflée de ſes ſuccès militaires, » ne ſoupire qu'après les combats, ne » connaît d'autre gloire que de comman- » der à l'Italie. De quel œil regarderait- » elle un Prince qui ne cultiverait que les » vertus paiſibles de l'âge de l'innocence, » qui n'apprendrait à ſes Sujets qu'à aimer » la juſtice, & à ſervir les Dieux? Je » lis plus dans votre penſée que vous- » même. Ce n'eſt pas un Roi que vous » demandez; c'eſt un Capitaine qui vous » dirige dans les champs de bataille; &, » à ce titre, Numa ne convient point à » Rome, & Rome ne convient point à » Numa. »

Cependant, les Sabins & les Romains ſe réunirent pour fléchir le ſage; alors, croyant entendre la voix de la Patrie, il céda, & conſentit à être Roi, pour avo irle plaiſir de faire des heureux.

On regrette cependant que Numa ait déshonoré la pompe majeſtueuſe de ſon avènement, en se soumettant aux cérémonies puériles des Augures. Le chef de ces prétendus Prophêtes entra avec ce Prince dans la citadelle; & tandis que le Philosophe Roi était assis sur une pierre, le visage tourné vers le midi, il se mit à sa gauche, la tête enveloppée d'un voile, & tenant dans sa main une baguette sans nœuds, & recourbée par le bout. Après quelques momeries sacrées, l'Augure prend son point de vue du côté de Rome, invoque le ciel, & désigne un espace dans l'air, de l'orient à l'occident; ensuite, vis-à-vis de lui, & aussi loin que ses regards peuvent s'étendre, il fixe un point particulier dans son esprit : tous ces préliminaires achevés, il prend sa baguette augurale de la main gauche, pose la droite sur la tête de Numa, & s'écrie : *Jupiter, père des Dieux & des hommes, si tu es déterminé à laisser régner ce Numa, dont je touche la tête, daignes nous en donner des signes manifestes, dans cette région aërienne, que je viens de déterminer.* Il spécifia enſuite les auſpices qu'il déſirait. Comme il ne voyait que ce qu'il voulait voir, on ſe doute bien que les auſpices parurent : alors Numa, agréé des Dieux, le ſceptre en main, & la couronne en tête, deſcendit du Capitole.

Quelqu'abſurdes que nous paraiſſent les détails de ces ſuperſtitions augurales, comme cette matière tient à l'hiſtoire de l'eſprit humain, nous avons dû nous y arrêter : nous verrons, dans Rome République, Cicéron, que des convenances politiques avaient engagé à prendre une Charge d'Augure, avouer que deux hommes d'Etat, qui prenaient enſemble les auſpices, ne pouvaient ſe regarder ſans rire : mais, au ſiècle de Numa, rien n'était plus grave que le miniſtère qui faiſait lire l'avenir dans la cage des poulets ſacrés ou dans le vol des oiſeaux. Un Romain ſe croyait Augure avant d'être homme d'Etat ; & Numa profita avec adreſſe de cette pente générale, d'un Peuple ignorant, à la crédulité, pour adoucir un peu ſon caractère féroce, & le tirer des champs de carnage, afin de l'enchaîner ſous le joug paiſible de la Religion.

INSTITUTIONS POLITIQUES DE NUMA.

NUMA passa les quarante-trois années de son règne, sans troubler le repos de ses voisins par des guerres, ni celui de ses Sujets par son despotisme : il n'y eut, durant cette époque, aucune de ces révolutions brillantes qui, en écrasant les Peuples, donnent l'ame & le mouvement à l'histoire. La vie de ce Prince est toute entière dans ses institutions, & elle ne peut avoir de prix que pour le lecteur philosophe.

Romulus, en formant sa Nation pour la guerre, avait armé nécessairement contr'elle toutes les autres, de manière qu'à la longue, il devait en résulter ou la destruction de Rome, ou l'esclavage de l'Univers. Numa, qui sentit combien la jalousie de l'Italie entière pouvait nuire à la législation qu'il méditait, pour rendre sa Nation heureuse, commença par prouver aux Puissances voisines sa modération par des réglemens de la plus haute sagesse, qu'il puisa dans son cœur, encore plus que dans le droit des gens.

Le premier Roi de Rome n'avait jamais voulu borner le territoire de sa Métropole, dans la crainte qu'en désignant ce qui lui appartenait de droit, il ne fît connaître ce qu'il usurpait injustement : Numa, que ces considérations Machiavéliques, ne pouvaient arrêter, fixa lui-même les limites de son Royaume, & le fit avec l'équité d'un père de famille qui partage à ses enfans son héritage. Tous les Peuples de l'Italie, que Numa embrassait dans sa bienveillance, se regardèrent dès-lors comme ses enfans, & personne ne réclama contre le partage.

Le territoire de Rome une fois fixé, il s'agissait d'empêcher ses successeurs de l'étendre, en entreprenant des guerres injustes : alors il institua une des Compagnies les plus respectables, que l'envie de limiter le despotisme, ait jamais placées entre le trône & les Peuples; c'est le Collège des *Féciaux* ou des *Conservateurs de la paix*. Afin d'augmenter la considération que leur place inspirait, on n'en choisissait les Membres que dans la Noblesse, & on leur conférait une espèce de Sacerdoce : leur fonction était d'appaiser les différens qui divisaient les Puissances, & d'épuiser toutes les voies de conciliation, avant de leur ouvrir les champs de bataille. Cette institution rappelle la fameuse rêverie de l'Abbé de Saint-Pierre, sur la Diète Européenne, qui n'a corrigé personne de la manie des conquêtes, parce que les Républiques faites par les Philosophes, ne sont jamais habitées que par des phantômes.

La rêverie de Numa ne fut pas tout-à-fait inutile au monde. Quand les conservateurs de la paix se trouvèrent des hommes justes, ils empêchèrent quelquefois le ſang humain de couler. Arrêtons-nous un moment ſur ce Tribunal auguſte, que Rome, ſous les Rois, ſembla n'adopter que pour expier d'avance les crimes de Rome République.

Le premier devoir de ces hommes de paix était d'empêcher que Rome ne déclarât une guerre injuſte à ſes alliés. Lorſqu'ils n'avaient pas prononcé ſur la légitimité de la rupture, le Roi ni ſes Sujets n'avaient le pouvoir de prendre les armes, ou bien les infracteurs de la paix étaient cenſés répondre ſur leurs têtes, des déſaſtres qui menaçaient le trône ou la Nation.

Le Tribunal de Numa jugeait des outrages faits aux Ambaſſadeurs; il acceptait ou rejettait les alliances avec d'autres Couronnes; il réparait les infractions que les Généraux Romains faiſaient aux traités; il donnait la paix ou la rompait, ſi le droit des gens ſemblait l'exiger. Avec cet énorme pouvoir légiſlatif, il aurait pu faire trembler les Rois ſur leur trône, comme les

Ephores de Lacédémone; mais, comme on ne lui avait pas confié la puiſſance exécutrice, ſes déciſions n'avaient pas plus de force auprès des Monarques guerriers, que les vains écrits des Philoſophes.

Rome République fit dans la ſuite un grand uſage du miniſtère de ces hommes de paix; mais c'était pour en impoſer, par une apparence de juſtice, à la crédulité des Peuples. Quand elle voulait s'emparer d'une Ville qui était à ſa bienſéance, on commençait par répandre des manifeſtes, pour expoſer les prétendus crimes de cette Ville envers les Romains; enſuite on lui députait un des Membres du Tribunal de paix, qui, revêtu d'une robe ſacerdotale, au moment où il entrait dans le pays qu'on voulait ſubjuguer, prenait à témoin le Souverain des Dieux, que l'équité ſeule allait armer ſes Concitoyens; il continuait enſuite ſa route, &, arrêtant la première perſonne qu'il rencontrait, il renouvellait devant elle ſes ſermens. Sa troiſième ſtation était aux portes de la Ville, & ſa dernière dans la place publique. Si les Magiſtrats de la Puiſſance proſcrite, trouvant ou feignant de trouver la réclamation légitime, livraient les Criminels au Fécial, celui-ci les emmenait avec lui, & ſe retirait ſans donner le ſignal des hoſtilités. Si l'on demandait du temps pour délibérer, le Miniſtre de paix accordait dix jours, & prolongeait enſuite le délai, pourvu qu'il ne paſsât pas un mois : au bout de cet intervalle, lorſque la Ville refuſait de ſatisfaire le Fécial, il invoquait contre les infracteurs des traités, les Dieux du Ciel & des Enfers, ſe retirait paiſiblement ſans révéler le ſecret de Rome, &, de retour dans ſa patrie, il décidait la déclaration de guerre.

Numa, qui n'avait aucun intérêt politique à trouver ſes voiſins coupables, n'eut pas beſoin d'employer contr'eux l'intervention de ſes Miniſtres de paix. Les Peuples qui, ſous Romulus, avaient regardé Rome comme un camp dreſſé

pour

pour fomenter la discorde, ne considérant plus les Sujets de Numa que comme une Colonie de Sages, perdirent peu à peu les sentimens d'une rivalité odieuse, & concoururent à ramener en Italie cet âge d'or, dont les Poëtes adulateurs avaient fait honneur au farouche Saturne, ce Dieu de sang, qui avait mutilé son père, écrasé sa Nation, & institué les victimes humaines.

Numa, pour consacrer ce repos de l'Italie, fit fermer le Temple de Janus. On sait que cet édifice désignait la guerre, quand il était ouvert, & la paix, quand il était fermé. Au reste, la philosophie bienfaisante de Numa était si peu faite pour les Romains, que, de cette époque à la destruction de la République, pendant plus de sept cents ans, le Temple de Janus ne fut fermé que deux fois, d'abord sous le Consulat de Manlius, quand la première guerre punique fut terminée; ensuite au commencement de l'Empire d'Auguste, quand ce Prince vainqueur à Actium, ne voyant plus autour de lui de rivaux à combattre, donna la paix à l'Univers.

Numa, tranquille du côté des rivalités nationales, donna à ses Sujets des institutions pacifiques qui pussent adoucir leurs mœurs rendues féroces, soit par l'habitude des brigandages militaires, soit par la dureté du Code de Romulus.

La réforme commença du côté du trône : ce Prince cassa la Compagnie des Gardes, créée par son prédécesseur, moins pour honorer la Majesté Royale, que pour assurer l'impunité du despotisme. Numa disait, en licentiant ces cohortes dangereuses, qu'il ne voulait ni se défier de ceux qui se fiaient en lui, ni être Roi d'un Peuple qui n'aurait en lui aucune confiance.

Toutes les parties du corps politique ressentirent successivement l'influence de la Législation bienfaisante de Numa ; & elles se prêtèrent avec d'autant moins de répugnance à la réforme, que le Prince, en limitant lui-même le pouvoir arbitraire de la couronne, prouvait qu'il n'avait pas voulu rendre son bonheur indépendant du bonheur général. Les Peuples abandonnaient leur destinée à la tendresse de leur Souverain, comme des enfans chéris à celle d'un père de famille.

Le Sénat, depuis long-temps, se trouvait partagé en deux factions, qui entretenaient dans l'Etat une espèce de guerre intestine. C'étaient celle des Albains & celle des Sabins; Romulus s'était servi de la première pour fonder sa colonie : aussi, fière d'avoir aidé le demi-Dieu dans ses exploits, elle prétendait avoir un droit exclusif à toutes les grandes magistratures : de leur côté, les Sénateurs, Sabins d'origine, réclamaient, en vertu du fameux traité de partage entre Tatius & Romulus, contre toute préséance odieuse. Numa, pour concilier les deux partis sans blesser leur orgueil, conserva aux Sénateurs de Romulus tous les honneurs dont ils jouissaient comme Fondateurs de Rome,

& imagina, pour les Sénateurs de Tatius, des prérogatives particulières, qui étouffèrent en eux toute semence de rivalité. Aussi pendant le long règne de Numa, il n'y eut dans le premier corps de la Nation aucune intrigue dangereuse contre le Souverain. Ces Albains & ces Sabins, qui s'étaient disputés à qui donnerait le premier coup de poignard à Romulus, ne disputèrent, sous le Roi Philosophe qui lui succéda, qu'à qui mettrait plus de zèle à son apothéose.

Parmi les Membres de la nouvelle colonie, il y avait un grand nombre de Citoyens, appellés dans Rome sur la fin du dernier règne, qui, n'ayant eu aucune part aux expéditions militaires de Romulus, n'avaient point été compris dans la distribution des terres, faite entre les compagnons de ses travaux. Cette classe d'hommes, sans bien & presque sans domicile, n'ayant rien à perdre, devait se plaire dans l'anarchie & fomenter sans cesse la discorde entre le Trône & les

Sujets. Numa donna une patrie à ces ennemis-nés des Puiſſances, en leur partageant des terres qui étaient du domaine public, & en y joignant les dernières conquêtes de Romulus.

Le reſte de la colonie, vil ramas de brigands, faits pour ne ſervir jamais que de bras au corps politique, ne ſachant manier que la lance & le poignard, ſe trouvait très-déſœuvré en temps de paix, & employait ſon déſœuvrement à fomenter la diſcorde entre les Sénateurs de Tatius & ceux de Romulus. Cette populace était elle-même partagée en deux partis acharnés l'un contre l'autre; & le Plébéïen qui diſait, *je ſuis Romain*, vouait à ſon voiſin, qui diſait *je ſuis Sabin*, une haine bien plus implacable qu'à l'ennemi de la patrie. Numa diviſa en une foule de petits intérêts particuliers, ce double intérêt général qui tendait à la ruine de la colonie, & ce fut peut-être le chef-d'œuvre de ſa politique. Il diviſa le Peuple par claſſes, ſuivant les arts méchaniques que chaque individu eût la liberté de professer. La classe des Charpentiers fut distinguée de celle des Forgerons, qui, de son côté, ne communiqua qu'indirectement avec celle des Musiciens, & aucune d'elles ne fit cause commune avec les Orfèvres. Les petites factions que produisit alors l'esprit de corps, amortirent la grande rivalité née parmi cette multitude sans frein & sans principe, entre les Sujets de Tatius & ceux de Romulus.

Tous les Sujets de Numa ne vivaient pas dans sa capitale : aussi il porta de bonne heure ses regards paternels sur le Peuple des campagnes. Tout le territoire de Rome fut partagé en plusieurs districts, dont chacun fut administré par un homme de confiance, chargé de veiller à la culture des terres, & d'en faire son rapport au conseil d'Etat. Le Roi lui-même ne dédaignait pas d'aller de temps en temps visiter ce Peuple pacifique, d'honorer de sa présence leurs chaumières, & de s'instruire avec eux des détails de l'agriculture, afin d'être digne de la protéger, ne soutenant jamais mieux la Majesté Royale, que dans les momens où une Noblesse superbe lui reprochait de l'oublier.

C'est aussi en faveur de l'agriculture, que Numa rectifia un peu l'informe calendrier des Romains. Dès le commencement de son règne, il fixa l'année à douze mois, & la régla sur le cours de la lune; mais comme cet astre ne met pas trente jours à chacune de ses révolutions, & qu'il lui en manque quelques-uns pour que son cours se concilie avec celui du soleil, le nouveau Législateur suppléa à cet inconvénient par des mois interlocutoires; de façon qu'après une période de vingt-quatre ans, les deux astres terminassent ensemble leur carrière, pour recommencer du même point leur révolution. Cette astronomie n'est pas tout-à-fait celle des Cassini, des Halley & des Newton; mais c'est encore beaucoup au siècle barbare de Numa, d'avoir pu, sans connaître le vrai système planétaire, construire un calendrier qui ne mît pas trop en opposition les aspects du ciel avec les besoins de l'agriculture.

Le Code civil de Romulus était, comme nous l'avons vu, aussi défectueux qu'on pouvait l'attendre d'un brigand sans principe, qui pliait la morale aux besoins momentanés du despotisme. Numa le réforma en plusieurs points; par exemple, dans la loi qui donnait aux pères le pouvoir de vendre leurs enfans, ce Prince en excepta le fils dont le père avait approuvé le mariage. Il eût été en effet d'une inhumanité révoltante qu'une femme, qui avait épousé un homme libre, se trouvât tout d'un coup, par le caprice d'un beau-père, mariée à un esclave.

L'institution de Numa, sur la communauté des femmes, est à-peu-près la seule que l'ami des mœurs puisse reprocher à la mémoire de ce Grand homme : au reste, ni Tite-Live, ni Denys d'Halicarnasse n'en parlent. Plutarque même, à qui nous devons cette étrange anecdote, n'en fait pas mention dans la vie de Numa, mais ſeulement dans le parallèle qu'il a fait de ce Légiſlateur de Rome avec celui de Lacédémone. On ſait que ces parallèles ſont d'ordinaire l'ouvrage d'un Rhéteur ingénieux, qui plie les faits, pour conſerver la correſpondance de ſes tableaux. Au reſte, voici le texte même du bas Philoſophe de Chéronée, dont on eſt tenté de pardonner les erreurs, parce que ſon but moral perce, dans tout ce qu'il dit de vrai ou de faux ſur les grands hommes.

« Lycurgue & Numa, par la commu-
» nauté des femmes & des enfans, qu'ils
» établirent, voulurent l'un & l'autre
» bannir la jalouſie, le poiſon du mariage;
» mais, d'accord dans le principe, ils ne
» le furent pas tout-à-fait dans les moyens.
» Le Citoyen de Rome, qui avait aſſez
» d'enfans pour revivre dans ſa poſtérité,
» donnait ſa femme à ſon ami qui n'avait
» contracté qu'une union ſtérile, & il
» dépendait de lui de la laiſſer avec ce

» ſecond époux ou de la reprendre. Il n'en » était pas de même du Citoyen de Lacé- » démone : quand un homme bien né » lui demandait ſa femme pour devenir » père, il la prêtait ſans la quitter, & » le premier mariage ſubſiſtait toujours » dans ſon intégrité; encore ſouvent, s'il » rencontrait un jeune homme bien conſ- » titué, & dont il pût eſpérer une race » généreuſe, il le priait d'augmenter ſa » famille, & le menait à ſa femme qui » le recevait dans ſes bras, ſans ſe croire » adultère.

» Numa s'écarta encore des inſtitutions » de Lycurgue, dans ſon Code ſur les » Romaines non encore mariées; il voulut » que la décence & la réſerve caractéri- » ſaſſent leur ſexe, au lieu que les vierges » de Lacédémone, avec leurs robes en- » trouvertes, & l'audace avec laquelle » elles provoquaient les hommes, ne ſe » conciliaient avec leur Légiſlateur que » pour contrarier la nature.

» Numa, en général, eut pour but de

» rendre le ſexe reſpectable, en le muniſ-
» ſant de pudeur & de modeſtie ; il fit
» renoncer une chaſte épouſe à toute fri-
» vole curioſité ; il l'accoutuma à être
» ſobre ; il lui interdit à jamais l'uſage du
» vin ; il voulut qu'elle gardât, dans l'in-
» térieur de ſa maiſon, un ſilence fait
» pour lui attirer le reſpect, & lui preſ-
» crivit de ne parler des choſes les plus
» néceſſaires, qu'en préſence de ſon mari.
» Cette coutume fut ſi inviolablement
» obſervée, que, dans la ſuite, une Dame
» Romaine ayant plaidé ſa propre cauſe
» devant les Magiſtrats établis pour la
» juger, le Sénat envoya conſulter Apollon,
» pour ſavoir ſi ce n'était point un préſage
» ſiniſtre pour la République.

» Et il fallait qu'il y eût une grande
» concorde entre les mœurs Romaines &
» les loix de Numa, puiſque, pendant un
» grand nombre de ſiècles, elles ſe ſer-
» virent d'appui mutuel, ſans l'interven-
» tion des Magiſtrats. L'hiſtoire a obſervé
» que le premier Romain qui répudia ſa

» femme, fut un Spurius Carvilius, qui » vivait cinq cents ans après la fondation » de Rome, & que la première femme » qui introduisit la discorde dans sa mai- » son, fut une Thalia, épouse de Pina- » rius, & contemporaine de Tarquin le » Superbe : tant le Législateur pacifique » de Rome avait mis d'ordre, de décence » & d'honnêteté dans le mariage!

» L'époque destinée aux mariages des » Romaines & des Lacédémoniennes, ré- » pond aussi à la manière dont on les élevait. » Lycurgue ne mariait ses Citoyennes que » lorsque l'instinct leur faisait desirer un » époux, & qu'elles étaient en âge d'être » mères, soit afin que la société de l'homme » eût plus de charmes pour elles, lorsqu'elle » était commandée par l'amour, soit afin » que leur corps, ayant pris toute sa crois- » sance, fût plus en état de résister aux dou- » leurs de l'enfantement. Il n'en était pas » de même des jeunes Romaines : Numa » les mariait à douze ans, & même dans un » âge encore plus tendre; il prétendait

» qu'elles ſeraient plus chaſtes, quand » leur cœur ne ſe développerait qu'avec » les entraves conjugales; il ajoutait que » leur caractère aurait plus d'analogie avec » celui du mari, quand celui-ci le plierait » à ſon gré, avant que l'habitude vînt le » pervertir. L'idée de Lycurgue eſt plus » dans la nature, & celle de Numa plus » ſelon la morale des ſociétés ».

DE LA NYMPHE *ÉGERIE.*

LA partie la plus importante de la législation de Numa, roule sur la religion; mais, avant d'en expoſer les détails, le Légiſlateur ayant eu la faibleſſe, comme une foule d'impoſteurs ſacrés, de ſuppoſer un commerce preſqu'immédiat avec la Divinité, la fidélité de l'hiſtoire nous oblige à nous arrêter un moment ſur cette eſpèce d'impoſture qui, pour n'avoir pas été fatale aux Romains, n'en eſt pas moins dangereuſe pour les Nations, quand ce ſont des hommes de ſang, tels que les Odin & les Mahomet qui ſe diſent les interprètes du Ciel, pour tourmenter doublement la terre avec leur poignard & leur fauſſe Religion.

Nous avons vu que Numa, avant de monter ſur le trône de Rome, avait vécu treize ans, dans l'union la plus intime, avec la fille de Tatius. La mort de cette Princeſſe donna une teinte nouvelle à ſa miſantropie ; il s'enfonça dans les déſerts, & ne voulut commercer qu'avec une nature ſilentieuſe & ſauvage ; mais le beſoin d'aimer le pourſuivit dans ſa ſolitude ; & le haſard lui ayant fait rencontrer Egerie, non-ſeulement il lui donna ſon cœur & ſa main, mais encore il oſa, avant ſa mort, faire ſon apothéoſe.

L'hiſtoire ne nous a point dévoilé le ſecret de la naiſſance d'Egerie : il eſt probable que ſon origine était obſcure, puiſque Numa, qui l'avait épouſée, devenu ſucceſſeur de Romulus, trouva moins d'inconvénient à en faire une Déeſſe qu'une Reine de Rome.

Cette Egerie était ſans doute quelqu'Etrurienne, inſtruite, comme toutes les Sybilles de ſon temps, dans l'art frivole des aruſpices, ſe mêlant de prédire, &, à force de ſe tromper, rencontrant quelquefois juſte dans ſes prédictions. Numa trouva dans ſon eſprit & dans ſa beauté de quoi remplir le vuide de ſon ame ; &, quand il eut contracté avec elle un mariage ſecret, il fit ſervir ſa renommée à enchaîner les Peuples, ſoit à ſon joug, ſoit à celui de la Religion.

Le bon Plutarque met ſon imagination à la torture pour expliquer comment Egerie, étant immortelle, pouvait accorder ſes faveurs au Légiſlateur de Rome; & il eſt curieux de le ſuivre dans ſa déraiſon, parce que ſon cœur ne partage jamais le délire de ſon imagination, & qu'il a toujours l'art, en adoptant un principe abſurde, d'en tirer des conſéquences qui ſe lient à la morale éternelle du genre humain.

« L'hiſtoire de Numa & d'Egerie reſ» ſemble beaucoup, ſuivant ce Philo» ſophe, au conte que les Phrygiens fai» ſaient ſur Cybèle qui aima Atys, & à » la tradition des Arcadiens, que Diane » fut la maîtreſſe d'Endymion. La raiſon, » ſans doute, nous porte à croire que la

» Divinité n'aime ni les oiſeaux, ni les
» quadrupèdes, & que, protectrice de
» l'homme, elle prend plaiſir au commerce
» des gens de bien ; mais prétendre qu'un
» corps organiſé comme les nôtres, puiſſe
» avoir des attraits pour un être qui jouit
» de l'immortalité, c'eſt un ſacrilège.

» Les Sages de l'Egypte, ajoute le Phi-
» loſophe de Chéronée, font, à cet égard,
» une diſtinction qui paraît avoir de la
» vraiſemblance. A les croire, il n'eſt pas
» impoſſible que l'eſprit d'un Dieu s'ap-
» proche d'une femme, & que, par ſa
» toute puiſſance, il ne faſſe germer en
» elle des principes générateurs ; mais le
» même phénomène ne peut s'opérer en
» faveur de l'homme, qui, par la nature
» de ſes organes, ne peut avoir un com-
» merce immédiat avec la Divinité.

» Mais ces ſages Egyptiens n'ont pas
» réfléchi, que tout mêlange ne peut s'opé-
» rer ſans que l'Être ſuprême commu-
» nique à l'autre ſes attributs. Or, dans
» le ſyſtême d'une Divinité qui ſe com-

» munique aux hommes, la décence & » la raiſon nous perſuadent qu'il ne faut » entendre autre choſe, ſinon que l'Être » immortel protège d'une façon ſpéciale » l'homme de bien, & que cette bien- » veillance produit une pente plus grande » à la vertu.

» On a dit que Pan aima Pindare à » cauſe de ſes Hymnes ſublimes, que le » Ciel illuſtra de quelques merveilles la » tombe d'Héſiode & d'Archiloque, & » qu'Eſculape alla demander l'hoſpitalité » à Sophocle. Or, ſi les Dieux ont tant » honoré des Poëtes, il faut croire qu'ils » n'ont pas dédaigné d'accorder la même » faveur à Zaleucus, à Minos, à Numa, » à Lycurgue & à Zoroaſtre, qui tous ont » bien mérité des hommes, en fondant » des Empires, & en leur donnant des » loix ».

Tout ce roman eſt très-ingénieux, & j'oſe dire très-moral; mais il ne faut de fables ni en Hiſtoire ni en Religion. La vérité eſt que Numa ne croyait point à la divinité de ſon Egerie. *Ce Prince voulut*, dit le Sage Tite-Live, *inſpirer à une multitude groſſière & barbare la crainte des Dieux, comme le frein le plus propre à la contenir; & comme il ne pouvait acquérir de l'aſcendant ſur des eſprits peu éclairés, que par des prodiges, il feignit d'avoir pendant la nuit des conférences avec la Nymphe Égerie* (*a*).

Egerie elle-même ne put vivre longtemps avec le Philoſophe Numa, ſans que ſes yeux ſe deſſillaſſent ſur les impoſtures ſacrées, dans le ſein deſquelles elle avait été élevée. Si elle remonta encore ſur le trépied des Sybilles, c'eſt qu'elle avait beſoin de la crédulité Romaine, pour opérer les grandes choſes que ſon époux

(*a*) Denys d'Halicarnaſſe eſt du même ſentiment que Tite-Live. *Ce fut*, dit-il, *un trait de ſageſſe de la part de Numa de feindre qu'il avait des rapports avec la Nymphe Egerie, pour ſe concilier des Peuples qui avaient la crainte du Ciel, & faire reſpecter ſa Légiſlation, comme ſi elle était émanée de la Divinité.*

méditait en Légiſlation. J'aime à croire que plus d'une fois dans les épanchemens de l'amour, elle parla ainſi à cet époux, comme je l'ai dit dans un autre ouvrage.

Je ne ſuis point immortel, Numa, & quand la faibleſſe de mes organes ne me l'indiquerait pas, ma tendreſſe pour mon époux l'atteſterait aſſez : mais il eſt utile qu'on le ſoupçonne dans la ville où tu jouis du pouvoir ſuprême. Il faut des prodiges à ce Peuple qui croit à la louve de Romulus, & à ſon apothéoſe. Les hommes en général, méritent peu qu'on les éclaire: ce ſont des enfans robuſtes qu'il faut tromper, pour les empêcher de s'entre-détruire.

Les moyens que Numa employait d'ordinaire pour prouver la divinité d'Egerie n'annonçaient pas une phyſique bien féconde en merveilles. Un jour, dit l'Hiſtorien des antiquités Romaines, ce Prince inſtruit qu'il y avait, dans le Sénat de Rome, des incrédules qui ſouriaient ſur ſes conférences avec la Divinité, les prie de venir dans ſon Palais pour éclaircir tous leurs doutes ; là, il leur montre la ſimplicité philoſophique de ſes appartemens, & l'apprêt frugal des légumes qu'on deſtinait pour ſa table ; enſuite il les congédie, & les invite à ſouper pour le ſoir même. Les convives, de retour à l'heure indiquée, Numa les reçoit ſur des tapis de pourpre, les buffets ſe trouvent garnis des vaſes les plus précieux, & la table de mets dont rien n'égalait la délicateſſe. Tout le monde ſe récrie de ſurpriſe ſur un tel appareil ; mais le Prince fait honneur de ce coup de baguette à Egerie ; & les incrédules, qui ne voyaient pas le ſpectacle du côté des machines, ſortent perſuadés que Jupiter, pour leur donner à ſouper, a interverti les loix de la nature.

La fameuſe anecdote du bouclier céleſte, annonce un peu plus d'art dans les impoſtures religieuſes de Numa. Une épidémie funeſte ravageait l'Italie, & Rome dépeuplée n'avait plus de bras pour la défendre. Le Monarque, aſſez inſtruit dans l'Hiſtoire Naturelle pour ſavoir que les fléaux de ce genre perdent en durée ce qu'ils gagnent en activité, au moment où il vit la peſte ſur ſon déclin, fit courir le bruit qu'un bouclier d'airain était tombé du Ciel, & qu'Egerie aſſurait que ce prodige annonçait le ſalut de Rome. Il n'y avait pas beaucoup de rapport entre un bouclier qui tombe & une épidémie qui ſe guérit. Quoiqu'il en ſoit, le fléau ceſſa, & les Sujets de Numa aimèrent mieux en faire honneur à Egerie qu'à la Nature.

Le Monarque ne voulut pas que Rome, conſervée par ce prétendu prodige, s'en tînt à une ſtérile reconnaiſſance; il déclara par l'ordre de ſa Nymphe, qu'il était néceſſaire de faire onze boucliers, ſi ſemblables pour la grandeur & pour la forme à celui qui avait fait ceſſer la peſte, que l'audacieux qui voudrait dérober ce palladium de la Monarchie, pût s'y méprendre. Un fameux Artiſte, de l'Etrurie ſans doute, ſe préſenta pour fabriquer les onze boucliers d'imitation, & y réuſſit ſi bien, que Numa, dit-on, ne put distinguer les copies de l'original. La dernière scène de cette comédie religieuse, fut l'établissement d'un Collège de Prêtres pour la garde des douze boucliers.

On ignore ce que devint Egerie, quand l'édifice de la Religion Romaine, auquel elle avait eu une si grande part, se trouva consolidé. Il est probable que Numa même, s'il lui survécut, contribua à cacher sa mort. Il était important pour lui que l'être qu'il avait logé dans le Ciel ne laissât aucune trace des infirmités humaines, parmi les Peuples qu'il tenait prosternés au pied de ses autels.

Numa eut tort sans doute de tromper les hommes, en faisant passer pour un commerce immédiat avec la Divinité, ses intelligences avec sa Maîtresse. C'est affecter un grand mépris pour l'espèce humaine, que de croire ne pouvoir l'éclairer qu'en la trompant. Il y a un peu loin de cette Philosophie barbare à celle de Socrate, de Confucius, & de Marc-Aurèle;

mais enfin, Numa a racheté cette grande faute, en donnant un culte pacifique aux Romains, & en accommodant avec tant d'art ses institutions au cœur de l'homme, que la morale ne put s'indigner de sa Religion.

NUMA DONNE AUX ROMAINS UNE RELIGION.

Ce n'eſt pas à des eſclaves échappés de leurs chaînes, à des criminels qui portaient encore ſur leur front flétri les ſtigmates de leur ſupplice, & à ce vil ramas de brigands civiliſés un peu par Romulus, qu'il fallait demander une Religion. Le Dieu de tous ces hommes ſans principes était leur épée. Les Sabines, qu'ils enlevèrent, purent leur donner quelqu'idée du contrat qui lie l'homme avec l'Être Suprême; mais ce culte n'était rien moins qu'épuré. Il conſiſtait en quelques ſuperſtitions Grecques ou Etruriennes, & en rêveries ſacerdotales ſur l'Aſtrologie.

Numa vint, & ramena tout d'un coup Rome à la Religion de la Nature, en lui donnant celle de la raison (*a*).

Il commença par distinguer l'Être Suprême, l'ordonnateur des Mondes, de cette foule de Divinités subalternes qui déshonoraient le calendrier de l'Italie, & qui n'étaient utiles qu'aux Prêtres, ou aux augures accoutumés à vivre des offrandes de la crédulité.

Persuadé, comme Pythagore, que l'Être Suprême n'a point nos organes & n'est accessible qu'à notre intelligence, il défendit à ses Peuples de l'honorer sous la forme humaine; ce qui était bien hardi à l'égard d'une multitude grossière dont on ne peut se faire entendre, quand on ne parle pas à ses sens, & qui est tentée de croire qu'un Dieu qui n'est pas homme n'est rien.

La belle institution de Numa sur la

(*a*) L'exposition que je vais faire du système religieux de Numa, est tiré presque mot à mot, de la vie que Plutarque nous a donnée de ce grand homme.

deſtruction des vains ſimulacres du Polythéiſme, ſe maintint dans toute ſon intégrité pendant cent ſoixante ans. « Durant cet intervalle, dit le Philoſophe » de Chéronée, les Romains bâtirent des » Temples; mais ils n'y placèrent aucune » image de Dieu, peinte ou ſculptée, » regardant comme un ſacrilège de repré» ſenter par des figures terreſtres & fra» giles, l'Être auquel on ne s'élève que » par la penſée, dont la vie occupe tous » les temps, & dont la majeſté remplit » l'Univers ».

Les ſacrifices mêmes qu'on offrait à l'Ordonnateur des Mondes dans le code Religieux de Numa, étaient dignes de cet âge d'or, qu'il cherchait à ramener parmi les hommes. De la farine, des fruits, des libations de vin, voilà les ſeules offrandes dont il était permis de charger les autels. Pour le ſang, même des animaux, on ne l'y voyait jamais couler; ce qui formait un ſingulier contraſte avec le culte du farouche Saturne, que ſes Miniſtres, dans d'autres régions de l'Italie, abreuvaient ſans ceſſe du ſang des hommes.

Dans la ſuite, le code religieux de Numa a été modifié & dégradé par une multitude ſuperſtitieuſe, à qui il fallait des Dieux petits & faibles comme elle. Mais le Dieu par excellence, le *Deus optimum maximus* du Capitole, a toujours été le Dieu des Scipion, des Paul Emile, des Cicéron, & des Marc-Aurèle; c'eſt-à-dire, des Héros de Rome & de ſes Philoſophes.

Quant aux Dieux Secondaires que les Romains firent venir des régions qu'ils ſubjuguèrent, ils ont été dans cette Capitale du monde, ce qu'ils étaient dans leur pays natal. Ils ont pris inſenſiblement la teinte des mœurs de leurs Adorateurs.

Ce principe, que l'Hiſtoire des Peuples ſe preſſent par celle de leurs Dieux ſubalternes, eſt de la plus grande vérité. Des Nations guerrières, comme les Carthaginois & les Alains, ont adoré Saturne ou une épée. L'isle de Chypre & Sybaris n'ont élevé des Temples qu'à Vénus. Les habitans de l'ancienne Virginie, qui ne se trouvaient heureux que quand ils avaient une pipe à la main, ont fait consister les privilèges du grand Dieu Kiwasa à fumer sans cesse.

Il peut y avoir des Peuples entiers dégradés par la plus vile superstition, & je me doute bien que des Groënlandais, des Caffres, & des Esquimaux, ne sont pas faits pour être éclairés par des Numa, & encore moins pour les faire naître.

Mais chez les Peuples que la Philosophie & les Arts commencent à tirer de la barbarie, la fange de la superstition n'est faite que pour la dernière classe des Citoyens. Ce serait calomnier de gaieté de cœur les Héros de Rome, que de supposer que Coriolan, Caton & Antonin, se soient inquiétés du cri d'une souris, ou aient fléchi le genou devant un arbre de la forêt de Dodone.

Il s'est même introduit dans Rome,

ſous ſes derniers Rois ou au commencement de la République, des Dieux ſi ridicules, qu'il n'eſt pas vraiſemblable que le plus ſtupide des Plébéïens les ait révérés à l'égal des Dieux de la première claſſe. Jamais on ne me perſuadera que le Dieu Terme ou le Dieu Crépitus aient été pris pour l'Être éternel qui lance la foudre.

Il en eſt de même des Divinités obſcènes. Priape, Pertunda, Cotytto, n'ont eu des Adorateurs que chez les Phrynés & les Laïs, & non dans les Temples. J'aime à me perſuader que les jeunes Romaines ne connaiſſaient point ces êtres impurs, dont elles n'auraient pu prononcer le nom ſans rougir ; il eut été bien difficile que la morale fût reſtée dans leurs cœurs, tandis que l'impudicité était ſur l'autel.

Vers les premiers Céſars, on compta trente mille Idoles dans le ſeul Panthéon de Rome ; mais il n'y avait, aux yeux de la plus ſaine partie de la Nation, qu'un ſeul Dieu par excellence : c'était le Dieu dont Numa n'avait pas voulu qu'on dégradât l'idée sublime par de vains simulacres, le Dieu que Cicéron annonçait dans ses œuvres philosophiques, & que le Sénat, dans ses décrets, appellait le *Deus optimus maximus* du Capitole.

HISTOIRE DE L'ORDRE RELIGIEUX DES VESTALES (a).

NUMA termina ſa carrière de Légiſlateur, en revivifiant l'Ordre Religieux des Veſtales.

Veſta, ou la Déeſſe du feu eſt, dit-on, *l'Eſtia* de la Grece, *l'Eſchia* des Chaldéens, *l'Eſchgal* des Hébreux, & peut-être *l'Iſten* des Scythes. L'art conjectural des étimologiſtes peut s'exercer avec ſuccès ſur cette matière, car il eſt démontré que dans toute l'étendue

(a) Le fonds de cet article eſt tiré de Plutarque & de Denys d'Halicarnaſſe. Voyez *Vit. Num. Pompil.* & *Antiquit. Roman.* lib. 1. Nous avons puiſé auſſi quelques détails dans un Mémoire Littéraire de l'Abbé Nadal, où l'on voit raſſemblé tout ce que les Anciens & les Modernes ont écrit ou imaginé ſur les Veſtales.

l'étendue du globe, on a trouvé des adorateurs du feu ; l'Inde, le plus beau climat de la terre, l'a honoré par reconnoiſſance comme un Dieu tutelaire, & les Nègres de la Zône Torride, dans leurs déſerts embrâſés, l'ont encore honoré par crainte, comme des eſclaves font l'apothéoſe du Deſpote qui les écraſe.

Dès qu'il fut décidé que l'élément qui éclaire & qui embrâſe, était cet Être Suprême qui punit & récompenſe, les Peuples s'empreſsèrent à inſtituer un culte digne de lui : alors on figura ſon éternité par une flamme qui ne devait jamais s'éteindre, & ſa pureté par la continence qu'on preſcrivit à ſes Prêtreſſes.

Le Culte du feu doit peut-être encore ſa propagation à cette idée ſublime, qu'il faut ſe rendre pur, pour être en ſociété avec l'Être Suprême. De là, l'origine des bains ſacrés & des feux ſacrés qui purifient les hommes de leurs ſouillures : voila pourquoi les Indiens ſe baignentdans le Gange, pour être dignes du Dieu Brama : voilà pourquoi les Pères à Carthage croiaient effacer jusqu'à la trace de leurs crimes, en jettant leurs enfans dans les bras enflammés de l'idole de Saturne.

On peut regarder les Vestales comme un ordre de Vierges, institué pour conserver le Culte du feu. L'origine de cet établissement se perd dans la nuit des temps. Rome tenait ses Vestales d'Albe (*a*) ; nous avons même vu, que le fondateur de cette Ville célèbre ne dut sa naissance qu'au crime d'une d'entr'elles : ainsi la première époque de l'histoire des Vierges est un attentat contre la virginité.

Numa qui connoissait la fragilité de l'espèce humaine, ne consacra que quatre Vestales ; Tarquin l'ancien, plus confiant, en augmenta le nombre jusqu'à six, & il se trouva dans la suite que Numa avait mieux raisonné que Tar-

---

(*a*) *Albâ oriundum Sacerdotium & Gentis conditori haudalienum*, dit Tite-Live, *decad.* 1, *lib.* 1.

quin ; car lors même que Rome compta ſes citoyens par millions, le choix de ſix Vierges devint un fardeau pour la République.

Me permettra-t-on de m'exprimer avec liberté ſur cette inſtitution des Veſtales ? Je ſuis bien loin de penſer que la chaſteté ſoit, après quinze ans, une vertu au-deſſus des forces humaines. Ce blaſphême de Néron & de Sardanapale outrage une foule de grands hommes, & bleſſe même la nature.

Mais il me ſemble que les Légiſlateurs ont fait d'étranges bévues dans la fondation de l'Ordre de Veſta. Ils ont dit à une fille : je vous ordonne d'être une héroïne, & ils l'ont miſe à portée de perdre à chaque inſtant ſon héroiſme : on dirait qu'ils n'ont établi des loix que pour faire des coupables.

Numa, ce ſublime Numa, qui preſſentit dans un ſiècle barbare que Rome deviendrait un jour la capitale du monde connu, eut la témérité puſillanime d'attacher la deſtinée de ſon Empire à la chaſteté de ſes Veſtales : c'était vouloir ſuſpendre à un fil le coloſſe de Rhodes ; le fil ſe caſſa pluſieurs fois, & cependant Rome ſubſiſta encore, parce que, malgré l'oracle de Numa, elle ne voulut avoir d'autre palladium que l'épée de ſes citoyens.

Une Veſtale devait être la plus pure des femmes, & la ſeule manière dont on la choiſiſſait, était un attentat contre les mœurs. Sous prétexte d'examiner ſi elle n'avait point de défauts corporels qui la rendiſſent indigne du ſervice de Veſta, le Grand Pontife la dépouillait & promenait ſes regards ſur ſes charmes, comme un eunuque, dans le marché d'Iſpahan, parcourt la Géorgienne qu'il doit acheter pour le ſérail des Sophis. Il eſt vrai que la Veſtale ne pouvait alors avoir plus de dix ans : mais à cet âge, une fille née avec du tempérament commence à ſe connaître ; à Bantam, elle aurait eû des enfans, & à Rome elle pouvait du moins avoir des deſirs.

Les Statuts de l'Ordre n'avaient aucune rigueur; & l'instituteur s'était plus occupé à punir les infractions de ses loix, qu'à les prévenir. Les Vestales vivaient dans le luxe & dans la mollesse; les hommes entraient le jour dans leur maison, & les femmes à toute heure: on leur avait accordé une place distinguée aux spectacles, & ces Vierges sacrées promenaient également leurs regards, sur un théâtre où on se jouait de la pudeur des femmes, & sur une arêne où on se jouait de la vie des hommes.

Leur habillement suffisait pour faire naitre des desirs; il laissait entrevoir l'élégance de la taille, & ne voilait les beautés que pour les rendre plus piquantes à l'imagination; une espèce de turban formé de plusieurs bandelettes, qui se nouaient avec art autour de leur tête, laissait voir dans les intervalles, des cheveux tressés avec la plus adroite coquetterie; elles avaient une robe d'une blancheur éclatante, & par dessus, un manteau de pourpre qui ne portant que ſur une épaule, laiſſait toujours un bras à demi nud. Cléopatre dans cette multitude de déguiſemens qu'elle imagina pour relever ſes charmes, s'habilla peut-être en Veſtale, & elle n'en parut ſans doute que plus belle aux yeux de Marc-Antoine.

Ces Vierges auguſtes (qui le croirait) charmaient auſſi quelquefois l'ennui de leur célibat, en compoſant des vers tendres inſpirés par la lecture de Sapho & d'Anacréon. Seneque, dans ſes controverſes, nous en a conſervé un qui peut faire juger du ton qui régnait dans ces Madrigaux :

Felices nuptæ! moriar niſi nubere dulce eſt!

Hymen, heureux Hymen, que le Ciel me confonde
Si ton joug n'eſt pas fait pour le bonheur du monde (*a*)!

(*a*) Sénèque, dans le même endroit, commente le vers qu'il rapporte; & quelque véhémente que ſoit ſa déclamation, il eſt trop

Il eſt difficile de faire un éloge ſi vif du mariage, & d'avoir en même-temps le cœur d'une Veſtale.

L'impéritie du Légiſlateur qui précéda Numa, (car j'aime à me perſuader que tout ce qu'il y a de défectueux dans l'Ordre des Veſtales, eſt antérieur à ce grand homme), l'impéritie du Légiſlateur, dis-je, ſe mon-

---

vrai, pour n'être dans cette occaſion qu'un Rhéteur.

» Ou tu jures, dit-il, ſur l'expérience que tu » a faite des plaiſirs du mariage ; ou ſi tu ne » les a pas goûtés, tu deviens parjure ; ni l'un » ni l'autre ne convient à une Prêtreſſe..... Que » je meure, dis-tu, *Moriar?* eſt-ce que le feu » ſacré eſt éteint?..... Si tu veux vanter le ma- » riage, vante-nous celui de Lucrèce, parle de » ſa mort, & ne jure point par la tienne ; ne » cherche point ton bonheur hors du ſanctuaire » de Veſta, &c. »

Je ne vois pas trop ce qu'une Veſtale, bel Eſprit, aurait pu répondre à Sénèque. Il ne lui reſtait peut-être que la voie de l'Epigramme pour défendre ſon Madrigal ; mais à Rome, on ne prenait pas des Epigrammes pour des raiſons.

trait, jusque dans les châtimens que subissait une Prêtresse, qui avait laissé éteindre le feu sacré; le Grand Pontife la conduisait dans un lieu secret, où elle se dépouillait toute nue, & il la frappait de verges. L'honneur d'une Vestale jeune & belle était-il alors en sûreté auprès d'un Grand Pontife tel que César, qui se vantait d'être le mari de toutes les femmes, & la femme de tous les maris? n'était-il pas, au contraire dans la vraisemblance, qu'il la rendait aussi coupable qu'elle pouvait l'être, afin de la dérober à l'ignominie de son supplice?

Il fallait qu'Auguste lui-même n'eût pas une grande idée de la chasteté de ces Prêtresses, puisqu'il déclara au Peuple Romain que si Julie sa petite fille était plus jeune, il la dévouerait avec plaisir au service de Vesta: cette Julie qui née avec le tempérament de Cléopatre, l'assouvit comme Messaline, & dont les crimes furent assez grands pour faire rougir Auguste.

Le Peuple même d'abord reſpecta peu les vierges ſacrées qui avaient en dépôt la deſtinée de la Patrie. Les hiſtoriens rapportent qu'une Veſtale rentrant au commencement de la nuit dans ſa maiſon, fut violée au milieu d'une rue, crime qui valut à ſes compagnes, le privilège de ne marcher jamais qu'accompagnées d'un Licteur.

Des monſtres tels que Catilina, Néron & Héliogabale, furent encore moins ſcrupuleux; ils tentèrent ouvertement de corrompre des Veſtales. Le dernier réuſſit, & comme il était Grand Prêtre du Soleil, il oſa écrire au Sénat qu'il contractait un mariage ſacré, & que l'alliance de deux Miniſtres des autels ne pouvait produire que des Demi-Dieux.

Numa n'avait exigé des Veſtales qu'une continence de trente ans; elles en emploiaient dix à s'inſtruire, dix à pratiquer leur miniſtère, & dix à enſeigner les autres. Alors la loi leur permettait de ſe marier, mais cette loi me paraît encore abſurde.

Pourquoi ne permettre de se marier que dans un âge où le tempérament s'éteint, où la nature se refuse aux desirs, & où l'amour même est forcé de remplacer ses jouissances par celles de l'amitié ?

Il était rare, au reste, qu'une Vestale attendît le terme prescrit par la loi, pour se dédommager du tourment de sa longue continence. Les fastes de Rome comptent jusqu'à vingt d'entr'elles qui ayant joint au crime l'infraction des bienséances, furent conduites au supplice ; outre celles-là, combien y en eut-il qui se rendirent criminelles avec ceux mêmes qui devaient les punir, & qui consentirent à se laisser corrompre, ayant la certitude qu'on ne pouvait les déshonorer ?

Les Vestales du Pérou ont eu un moyen de plus que celles de Rome pour faire taire l'indiscrétion ; elles pouvaient sans péril être mères, pourvu qu'elles jurassent que le Soleil en personne était descendu dans leur lit pour les rendre fécondes : on les enterrait vives, quand elles se livraient à un

Inca, mais leur chasteté n'en était que plus éclatante, quand elles donnaient des fils au Soleil.

Quoiqu'une Vestale Romaine n'eût pas la liberté de faire jouer à son amant le rôle du Dieu de la lumière, il lui était fort aisé d'être mère sans péril, & il est à croire qu'elle prenait toutes sortes de précautions pour se dérober à l'affreux supplice dont on punissait la perte de sa chasteté; car dès que son crime était avéré, on l'enterrait toute vive, & son amant expirait sous les verges. Le Législateur avait cru, par l'atrocité de ce châtiment, prévenir l'attentat qu'il donnait tant de facilité à commettre, & pour qu'on ne l'accusât pas d'avoir été imprudent, il avait été barbare.

Malgré l'impéritie des fondateurs de cet Ordre Religieux, il se maintint à Rome pendant près d'onze cents ans qui s'écoulèrent entre le règne de Numa & celui de Théodose. Une espèce de barbarie, dont il faut accuser le siècle plutôt que les perſonnes, fit naître les défauts de cette inſtitution ; la crédulité des Peuples s'empreſſa à les adopter, & bientôt la rouille de l'antiquité ſuffit pour les rendre reſpectables.

MORT
DE NUMA.

QUAND on a présenté un tableau de la législation de Numa, de la Religion pacifique qu'il a donnée à ses Peuples, & de l'Ordre des Vestales qu'il a revivifié, on a écrit toute l'histoire de son règne; & pour cette classe de Lecteurs à qui le bien qu'on fait en silence au monde, aggrandit plus l'ame que le fracas des Trônes qui se renversent, cette vie de Numa, toute dénuée qu'elle nous paraît de faits brillans, vaut bien celle des Sesostris & des Cyrus.

L'histoire n'offre que des détails vagues & contradictoires, sur la famille du second Roi de Rome.

Suivant une tradition, Numa n'avait épousé en légitime mariage que Tatia, fille du Roi des Sabins, collègue de Romulus, & il en eut Pompilia qui devint mère d'Ancus Martius, un des successeurs de Romulus.

Cette Pompilia, suivant d'autres mémoires, n'était pas née de Tatia, mais d'une Romaine nommée Lucrèce, que Numa épousa, quand il se vit appellé à régner sur les Romains.

Il ne faut point parler ici d'Egerie, la plus chérie de toutes les femmes de Numa, mais qu'il n'avoua point, pour ne point faire tort à sa divinité. Egerie fabriqua beaucoup d'oracles pour son époux, mais ne lui donna point d'héritiers présomptifs de sa Couronne.

Enfin, quand les grandes familles Patriciennes commencerent à jouer un grand rôle dans la Capitale du monde, elles voulurent se faire une généalogie; & quatre d'entr'elles, les Pomponius, les Pinarius, les Calpurnius & les Mamercus se firent descendre de quatre fils de Numa, auxquels elles donnèrent leurs noms (a). Ces quatre fils de Roi qu'on ne voit point, après la mort de leur père, réclamer son héritage auprès des Peuples qui chérissaient sa mémoire, n'ont probablement existé que dans les titres de famille, imaginés par la vanité Romaine, au temps de la décadence de la République.

Numa arrivé à l'âge de quatre-vingt-trois ans, fut attaqué d'une maladie de langueur; sa tête conserva toute sa force, au milieu des ruines d'un corps affaissé qui

(a) Plutarque appelle ces quatre Princes imaginaires Pomponius, Pinus, Calpus & Mamercus; & il ajoute que les familles Romaines qui s'en disaient issues, en prirent occasion d'ajouter à leurs surnoms celui de *Rex*. Plutarque se trompe. Nous ne voyons dans les fastes du Capitole, que deux Maisons Romaines dont les Chefs aient pris le nom de *Rex*. C'est celle des Marcius & celle des Emilius. Il est probable que l'Historien des Hommes Illustres aura pris les Mamercus pour les Marcius, & il faut moins l'attribuer à son génie adulateur, qu'à son ignorance en généalogie.

s'écroulait de toutes parts. Enfin, il mourut avec la sérénité du juste, remerciant le Ciel d'avoir métamorphosé en hommes, les tigres qui avaient servi aux conquêtes de Romulus.

Quand le bruit de la mort de ce Prince se fut répandu hors de Rome, tous les Peuples dont il avait été l'Oracle pendant sa vie, vinrent avec des offrandes sacrées & des couronnes, relever la pompe de ses funérailles; les Patriciens portèrent eux-mêmes, sur leurs épaules, le lit de parade où reposait le corps inanimé de ce Monarque, & la multitude pleura avec autant d'amertume & de vérité sur ce père de la patrie, que si chacun avait perdu le plus tendre de ses amis enlevé à la fleur de son âge. Numa ne fut point brûlé, parce qu'il l'avait défendu en mourant, mais on l'inhuma, avec toutes les cérémonies religieuses en usage alors, au pied du Janicule.

Numa avait écrit sur la Religion. Suivant le récit de Denys d'Halicarnasse, ses

livres

livres furent remis entre les mains des Pontifes : mais comme le Public n'était pas à portée d'en jouir, Ancus Martius en fit faire des copies, qu'on afficha dans la place publique & ſur les murs des Temples du Capitole.

La tradition que Plutarque nous a tranſmiſe, ſur les ouvrages ſacrés de Numa, ſe concilie mal avec les Mémoires de Denys d'Halicarnaſſe. A en croire ce Philoſophe, le Légiſlateur de Rome avait ordonné qu'on les enfermât avec lui dans le même tombeau. D'après ces diſpoſitions teſtamentaires, on fit faire deux cercueils de pierre, l'un pour le corps du Prince, & l'autre pour les livres, & on placa ſur la même ligne les deux monumens au pied du Janicule. Quatre cents ans après, les torrens ayant ſillonné la terre ſacrée, & découvert les deux cercueils, Pétilius, alors Préteur de Rome, examina les livres, & jugea qu'ils tendaient à détruire toutes les Religions faites par les hommes : ſur ſon rapport, le Sénat qui avait beſoin des ſuperſtitions de la terre, pour l'enchaîner ſous ſon joug, fit brûler publiquement les ouvrages du Roi-Philoſophe.

BIBLIOTHEQUE ROYALE

Fin du premier Volume de l'Hiſtoire de l'ancienne Rome.

TABLE DES CHAPITRES

DU TOME PREMIER DE L'HISTOIRE DE L'ANCIENNE ROME.

Fin de la Table des Chapitres.

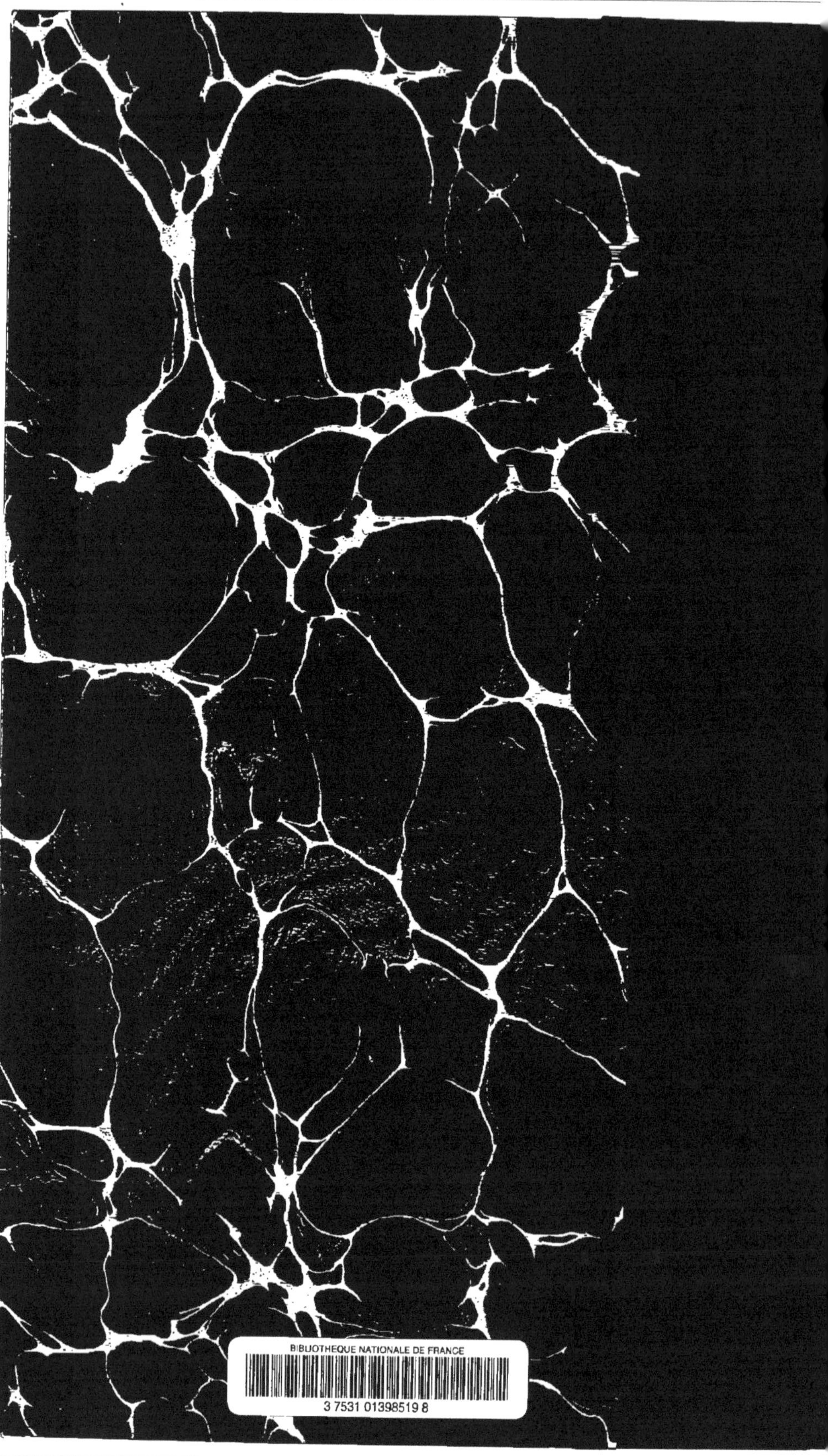
BIBLIOTHEQUE NATIONALE DE FRANCE
3 7531 01398519 8

www.ingramcontent.com/pod-product-compliance
Ingram Content Group UK Ltd.
Pitfield, Milton Keynes, MK11 3LW, UK
UKHW012154240726
13966UKWH00002B/335